司法書士の相続手続の基本

戸　籍　不動産登記　債務承継　預貯金等

司法書士
行政書士　八木 良直 著

税務経理協会

はじめに

総務省統計局の調査（2022年9月15日現在）によると，我が国における65歳以上の高齢者人口は3627万人と過去最多を記録しました。総人口に占める割合は29.1％と過去最高となっています。このデータは，今後の相続がますます増加することを意味しています。

相続手続においては，相続人や相続財産の調査からはじまり，遺産分割協議や各種手続の実行に至るまで，一般の方にとっては複雑で難解な内容が多く含まれています。しかも，相続手続を行う必要がある資産は，不動産をはじめ，預貯金や株式・投資信託など多岐にわたります。また，アパートローンなどの債務がある場合には，債務の承継手続も必要になります。

従来，国家資格者である司法書士は，不動産の相続手続において中心的な役割を果たしてきましたが，相談者や依頼人は，不動産だけでなく預貯金や株式・投資信託，債務の承継などを含む相続手続全体を解決したいニーズをお持ちの方がほとんどです。つまり，これからの司法書士は，相続手続を全面的に支援するコンシェルジュのような役割を果たすことができる専門家である必要があると思います。

また，金融機関や証券会社の担当者からは，「現場の実務経験の中で相続に関する知識を身に付けるしかなく，相続の基礎知識を体系的に学ぶ機会が少ない」という話をしばしば耳にします。

相続業務は，他人の資産を取り扱う業務であることから，幅広い専門知識と実務経験がなければ，依頼人の信頼を得ることが難しい分野です。にもかかわらず，これから相続業務に携わろうとする司法書士等の法律専門職や金融機関・証券会社の専門担当者のための体系的かつ実践的な“基礎知識”を得る書籍が少ないのが現状です。そこで，本書執筆に当たっては，相続手続の全体像を体系的に眺めつつも，より実務的で実践的な書籍となるように心がけるようにしました。特に，相続人の確定作業では，戸籍の読み方で悩む方が多いことから，ケースメソッド形式で解説をしています。

本書で解説した基本的な知識を基に相続業務を実践していくことにより，相続業務への苦手意識がなくなっていくはずです。本書をきっかけに，相続業務に積極的に取り組むことができる法律専門職や専門担当者が増え，相続手続で困っている依頼人や顧客の課題解決に役立つことになれば，これほど嬉しいことはありません。

最後になりますが，本書の企画から発刊まで，私の想いを汲み取り，様々なアドバイスをしてくださった税務経理協会の中村謙一氏に心から感謝申し上げます。

2022 年 11 月

司法書士　行政書士　八木　良直

CONTENTS

第2章　相続人ごとに特別な手続が必要なケース

第3章　相続財産の範囲と調査方法

第4章 相続財産の承継・放棄

第5章 相続財産別の各種相続手続

第1章

相続人と戸籍の基礎知識

相続手続において最初に進めるべきことは，「相続人が誰であるかを確定する作業」です。

この作業では，誰が相続人になるのかを判断するための法律知識を前提に，戸籍を読み解くスキルが必要となります。ここでの判断を誤ってしまうと，相続手続の大前提が崩れてしまいますので，相続業務に携わる者にとっては，非常に重要な知識とスキルとなります。

1 相続の開始

相続は，「死亡」によって開始されます（民法 882 条）。

この「死亡」には，「自然の死亡」だけでなく，「法的に擬制される死亡」が含まれます。「法的に擬制される死亡」とは，①認定死亡と，②失踪宣告による死亡があります。

①認定死亡とは，死亡の確認はできないが，危難に遭って諸般の事情から死亡の蓋然性が高い場合に官庁又は公署が死亡の認定をする制度です（戸籍法 89 条）。

②失踪宣告とは，不在者の生死不明な状態が長期に継続して死亡の蓋然性が大きい場合に，家庭裁判所が利害関係人の請求により死亡したとみなす制度です（民法 30 条，31 条）。

2 相続人の範囲

相続人は,「配偶者相続人」と「血族相続人」に分けられます。

(1) 配偶者相続人

配偶者相続人は,常に相続人となり,下記の血族相続人が存在する場合には,その者と同順位の相続人となります(民法890条)。血族相続人が存在しない場合には,単独で相続人となります。

なお,配偶者は,戸籍で確認できる法律婚の配偶者であり,事実上の婚姻関係にある内縁配偶者は含まれません。一方で,有効な婚姻届出(民法739条1項)をしていれば,たとえ婚姻期間が短期間であったり,別居中であったりしても,当然に相続人となります。

(2) 血族相続人と順位

血族相続人とは,被相続人の「子」,「直系尊属」(被相続人の父母・祖父母等),「兄弟姉妹」のことを指します(民法887条1項,889条1項)。

そして,その優先順位として,「第1順位」から「第3順位」が下記のとおり決められています(民法887条,889条)。

① 第1順位

第1順位の相続人は,「子」です(民法887条1項)。

子は,嫡出子だけでなく,非嫡出子,普通養子,特別養子であっても第1順位の相続人となります。

(※1) 「嫡出子」,「非嫡出子」,「普通養子」,「特別養子」については,下記の**【用**

語 1】 を参照してください

また，胎児（相続開始時において懐胎されているが，まだ出生していない者）は，相続の場面においては既に生まれたものとみなされるため（民法 886 条 1 項），子としての相続人となりますので注意が必要です。

続いて，子が，①相続開始以前に死亡している場合（同時死亡を含む）をはじめ，②欠格（民法 891 条）や，③廃除（民法 892 条・893 条）により相続権を失った場合には，その子の子（孫）が相続人となります（民法 887 条 2 項）。本来の相続人に代わって相続することから，代襲相続といわれます。

（※2）「欠格」，「廃除」については，下記の **【用語 2】** を参照してください

なお，子が相続放棄（民法 938 条）をした場合には，その子の子（孫）は相続人とはならず，代襲相続をすることはできません。

さらに，孫が上記①から③に該当する場合には，その孫の子（曾孫）が相続人となります（再代襲相続，民法 887 条 3 項）。

代襲相続するためには，被相続人の直系卑属であることが要件となります（民法 887 条 2 項但書）。そのため，被相続人との養子縁組前に生まれた養子の子，被相続人との養子縁組前に養子との間で養子縁組をした子は，被相続人である養親の直系卑属にはなりませんので（民法809条参照），代襲相続することができません（養子の連れ子は代襲しません）。

裏を返せば，被相続人との養子縁組後に生まれた養子の子，被相続人との養子縁組後の養子の養子は，養子縁組により養子を通じて養親との法定血族関係が生じることから，代襲相続をすることができます。

【用語１（※1）】

〈嫡出子〉

婚姻関係にある男女間に懐胎・出生した子をいいます。

〈非嫡出子〉

婚姻関係にない男女間に生まれた子をいいます。

父親との血縁上の親子関係はありますが，法的な親子関係がないことから，父親からの相続権を発生させるためには，父親の認知が必要となります。

〈普通養子と特別養子〉

養子は養子縁組の日から養親の嫡出子としての身分を取得し（民法809条），実子と同様の相続権を有します。普通養子の場合は，実親との親子関係は継続しているため，養親と実親の両方の第一順位の相続人となります。一方で，特別養子の場合は，実親との関係は断絶するため（民法817条の9），実親の相続人とはなりません。

この取扱いの相違は，特別養子の制度が，実親による看護が著しく困難又は不適当であるなどの事情があり，その子の福祉・利益のために実親から断絶し，養親の実子として育てられる制度であることに起因しています。

【用語２（※2）】

〈欠格〉

相続欠格は，相続人に重大な非行が遭った場合において，被相続人の意思表示を要さずに，法律上当然に相続人たる資格を失わせる制度です。

その具体的な欠格事由は下記のとおりです（民法 891 条）

① 故意に被相続人又は相続について先順位若しくは同順位にある者を死亡するに至らせ，又は至らせようとしたために，刑に処せられた者

② 被相続人の殺害されたことを知って，これを告発せず，又は告訴しなかった者。ただし，その者に是非の弁別がないとき，又は殺害者が自己の配偶者若しくは直系血族であったときは，この限りでない。

③ 詐欺又は強迫によって，被相続人が相続に関する遺言をし，撤回し，取消し，又は変更することを妨げた者

④ 詐欺又は強迫によって，被相続人に相続に関する遺言をさせ，撤回させ，取り消させ，又は変更させた者

⑤ 相続に関する被相続人の遺言書を偽造し，変造し，破棄し，又は隠匿した者

欠格者であることは，戸籍に記載されないため，「相続欠格者本人が作成し，相続欠格事由の存在を自認する旨の証明書（相続欠格者の印鑑証明書付）」又は「確定判決の謄本」によって証明する必要があります。

〈廃除〉

廃除は，被相続人に対して虐待，重大な侮辱を加えるなど，著しい非行をなした遺留分を有する推定相続人の遺留分を否定して，完全に相続権を剥奪する制度です（民法 892 条，893 条）。相続欠格と類似の制度ですが，被相続人の意思に基づいて家庭裁判所の審判を得る必

要があり，その廃除原因の有無は，家庭裁判所が諸事情を総合的に判断して結論を出す点に特徴があります。

申立人は，相続人廃除の審判が確定した日から 10 日以内に戸籍の届出をしなければならないことになっていることから（戸籍法 97 条，63 条 1 項），戸籍によって廃除の事実を証明することができます。

② 第 2 順位

第 2 順位の相続人は，被相続人の「直系尊属（父母・祖父母等）」です。第 1 順位の「子」や「子の代襲者」がいない場合に相続人となります（民法 889 条 1 項 1 号，887 条）。

直系尊属が複数いる場合には，被相続人と親等の近い者が相続人となります（民法 889 条 1 項 1 号但書）。例えば，被相続人に子がおらず，父母と祖父母がいる場合には，父母が相続人となり，祖父母は相続人とはなりません。

なお，被相続人が普通養子の場合には，実親との親子関係は断絶していませんので，養親のみならず，実親も相続人となります。一方で，被相続人が特別養子の場合には，実親との関係は断絶するため（民法 817 条の 9），実親は相続人とはなりません。

③ 第 3 順位

第 3 順位の相続人は，被相続人の「兄弟姉妹」です。第 1 順位の「子」や「子の代襲者」がおらず，第 2 順位の「直系尊属（父母・祖父母等）」もいない場合に相続人となります（民法 889 条 1 項 2 号，887 条）。

続いて，兄弟姉妹が，①相続開始以前に死亡している場合（同時死亡を含む）をはじめ，②欠格（民法 891 条）や，③廃除（民法 892 条，893 条）により相続権を失った場合には，その兄弟姉妹の子（被相続人の甥・姪）

が相続人となります（代襲相続，民法 889 条 2 項，民法 887 条 2 項）。

兄弟姉妹が相続放棄（民法 938 条）をした場合には，その兄弟姉妹の子（被相続人の甥・姪）は，相続人とはならず，代襲相続をすることはできません。

また，第 1 順位の場合とは異なり，第 3 順位の相続人の場面では，再代襲相続は認められていません。民法 889 条 2 項は，代襲相続の規定である民法 887 条 2 項を準用するのみで，再代襲相続の規定である民法 887 条 3 項を準用していないからです。

（3）　代襲相続と数次相続

「代襲相続」と混同されがちな相続関係に，「数次相続」があります。

数次相続とは，ある人の死亡により相続が開始したが（1 次相続），その遺産分割協議が整わないうちに相続人が死亡してしまい，新たに相続が開始すること（2 次相続）をいいます。

【数次相続の参考事例】

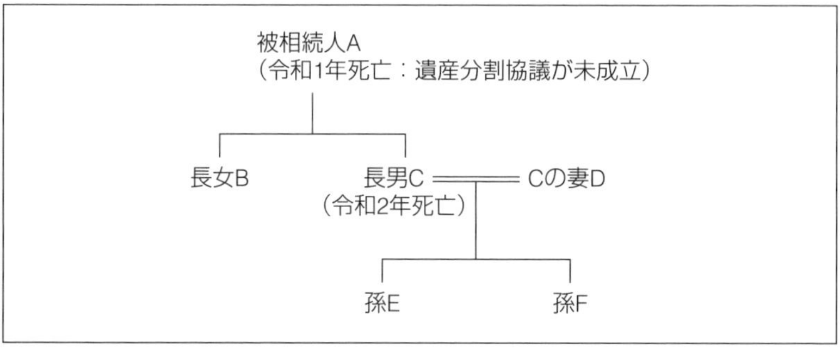

上記の数次相続の事例は，被相続人 A の死亡により相続が開始し（1 次相続），遺産分割協議が整わないうちに，A の相続人である長男 C が死亡してしまった（2 次相続）場合です。

この場合，被相続人Aが死亡した時点における相続人は，長女Bと長男Cの2名です。しかし，BとCとの間で遺産分割協議が整う前にCが死亡したため，Cの相続人としての地位を，Cの妻Dと，Cの子であるE（Aの孫）とF（Aの孫）が引き継ぐことになります。

結果，被相続人Aの相続人は，長女B，長男Cの妻D，孫E及び孫Fの4名となります。

代襲相続との違いは，被相続人Aと長男Cの「死亡の順番」です。仮に，上記事例で長男Cが平成31年に死亡していたとすれば，それは代襲相続であり，相続人は，長女B，孫E及び孫Fの3名となり，長男Cの妻Dは相続人とはなりません。

数次相続を代襲相続と勘違いをしてしまうと，長男の妻Dを相続人から漏らしてしまい，有効な遺産分割協議とはなりませんので，注意が必要です。したがって，誰が「いつ」死亡したのかは，代襲相続なのか数次相続なのかを判断するための重要なポイントになります。

相続手続を放置したために，代襲相続と数次相続が連鎖するような事例になると，相続人の確定作業が非常に複雑になることがありますが，死亡の順番を正確に把握して，相続人を確定するほかありません。

3 法定相続分

相続分とは，各共同相続人が取得しうるべき相続財産の総額に対する分数的割合をいいます。

この相続分は，被相続人の意思によって定めることができますが（指定相続分，902条），我が国では，遺言で相続分を指定する例が少ないのが実情であることから，民法900条，901条で相続分を定めています（法定相続分）。

なお，必ずしも法定相続分に従わなければならないわけではなく，遺産分割協議による相続人間の意思が優先されるのが原則です（第4章 **1** 遺産分割協議・相続分の譲渡を参照してください）。

（1）「配偶者」と「子」が相続人の場合

配偶者と子が相続人である場合，その相続分は各2分の1となります（民法900条1号）。

子が複数あるときは，実子や養子，嫡出子や非嫡出子，男女，戸籍の異同等を問わず，2分の1を均等に分けることになります（民法900条4号本文）。

また，代襲相続人がいる場合の相続分は，もともと被代襲者が受けるはずであった相続分と同じで（民法901条1項），代襲相続人が複数の場合には，その人数で均等割にします。（民法901条1項但書）。

【子に代襲相続がある場合の参考事例】

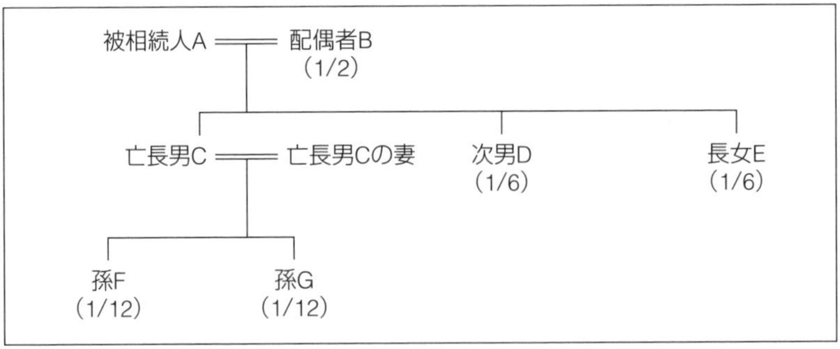

本事例では，配偶者の法定相続分は2分の1，子である長男C・次男D・長女Eの全体の法定相続分は2分の1となります。

そして，長男C・次男D・長女Eの間で法定相続分の2分の1を均等に分けると「2分の1×3分の1＝6分の1」となり，各6分の1が法定相続分となります。

さらに，本事例では長男Cは既に死亡していますので，孫F・孫Gが長男Cに代わって代襲相続することになります。孫F・孫Gの間で長男Cの法定相続分6分の1を均等に分けると「6分の1×2分の1＝12分の1」となり，各12分の1が法定相続分となります。

《非嫡出子法定相続分違憲判決と法改正》

非嫡出子（法律上の婚姻関係にない男女の間に生まれた子）の相続分については，平成25年に改正される以前の民法900条但書（以下，旧法といいます）では，嫡出子の2分の1とされていました。この規定は，憲法14条1項の平等原則に反するものではないか問題となっていましたが，最高裁は，民法が法律婚主義を採用していることなどを理由に合憲の判断をしていました。

しかし，最高裁は，平成25年9月4日の大法廷決定で，子を個として尊重し，その権利を保障すべきであるという考え方が確立されてきていることなどを理由に，「遅くとも平成 13 年 7 月当時において嫡出子と非嫡出子を区別する合理的根拠は失われていた」として，従来の判例を変更し，旧法は憲法 14 条 1 項の平等原則に違反するとしました。

したがって，旧法の「嫡出でない子の相続分は，嫡出である子の相続分の 2 分の 1 とし，」の部分を削除し，嫡出子と非嫡出子の相続分は平等となりました。

なお，最高裁は，法的安定性の観点から，「遅くとも平成 13 年 7 月当時から本決定の違憲判断時までの間に開始された他の相続につき，旧法の規定を前提としてされた遺産の分割協議その他の合意等により確定的なものとなった法律関係に影響を及ぼすものではない」としています。

（2）「配偶者」と「直系尊属」が相続人の場合

配偶者と直系尊属が相続人である場合，配偶者の相続分は 3 分の 2，直系尊属の相続分は 3 分の 1 となります（民法 900 条 2 号）。

直系尊属が複数あるときは，3 分の 1 を均等に分けることになります（民法 900 条 4 号本文）。なお，被相続人が普通養子である場合には，実親と養親が相続人となるので，相続人の人数のカウントに注意が必要です。

（3）「配偶者」と「兄弟姉妹」が相続人の場合

配偶者と兄弟姉妹が相続人である場合，配偶者の相続分は 4 分の 3，兄弟姉妹の相続分は 4 分の 1 となります（民法 900 条 3 号）。

兄弟姉妹が複数あるときは，4 分の 1 を均等に分けます（民法 900 条 4

号本文)。ただし，兄弟姉妹の中に，「父母の双方を同じくする全血の兄弟姉妹」と，「父母の一方を同じくする半血の兄弟姉妹」があるときは，父母の一方のみを同じくする半血の兄弟姉妹の相続分割合は，父母の双方を同じくする兄弟姉妹の相続分割合の 2 分の 1 となります（民法 900 条 4 号但書)。

また，代襲相続人がいる場合の相続分は，もともと被代襲者が受けるはずであった相続分と同じで（民法 901 条 1 項)，代襲相続人が複数の場合には，その人数で均等割にします。(民法 901 条 1 項但書)。

【父母の一方のみを同じくする半血の兄弟姉妹の相続分割合の参考事例】

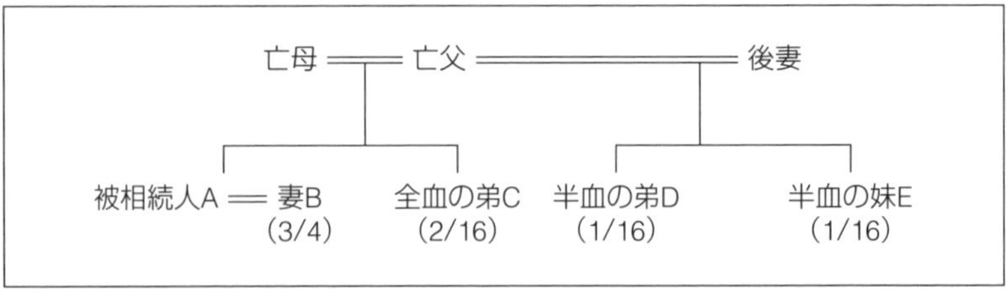

(4) 昭和 55 年 12 月 31 日以前に開始した相続

現行民法が定める相続分の規定は，昭和 56 年 1 月 1 日以降に開始した相続に適用されます（昭和 55 年法律第 51 号)。昭和 55 年 12 月 31 日以前に開始した相続については，改正前の規定が適用されます。

具体的には，配偶者の法定相続分が，現行民法よりも少なくなります。

① 配偶者と子が相続人になる場合　　　　：配偶者の相続分　3 分の 1

② 配偶者と直系尊属が相続人になる場合：配偶者の相続分　2 分の 1

③ 配偶者と兄弟姉妹が相続人になる場合：配偶者の相続分　3 分の 2

【法定相続分の一覧図】

	法定相続分	注意点
配偶者と子	配偶者　2分の1（3分の1） 子　2分の1（3分の2）	子が複数のときは，相続分は均等。 代襲相続，再代襲相続があるが，養子縁組前の子（連れ子）は代襲相続権なし。
配偶者と直系尊属	配偶者　3分の2（2分の1） 直系尊属　3分の1（2分の1）	直系尊属が複数のときは，相続分は均等。
配偶者と兄弟姉妹	配偶者　4分の3（3分の2） 兄弟姉妹　4分の1（3分の1）	兄弟姉妹が複数のときは，相続分は均等。 ただし，半血の兄弟姉妹は，全血の兄弟姉妹の2分の1。 代襲相続があるが，再代襲相続はない。

（※）（　）内は，昭和55年法律第51号による改正前の相続分

4 相続人の証明手続（戸籍収集）

相続手続においては，相続人の確定作業が第一関門となります。

具体的には，「戸籍」によって相続関係を証明することになりますが，基本的な戸籍の知識や読み方を習得していないと，戸籍の集め方すら分からない状況に陥ってしまいます。

ここでは，基本的な戸籍の知識や読み方に的を絞り，理論的な理解よりも，実務能力を高めるための視点で解説をしていきます。

（1） 戸籍とは

戸籍とは，日本国民の親族的身分関係を登録し，その関係を証明するものをいいます。日本に居住している外国人は，戸籍に記載されることはありません。

なお，日本国籍の取得を希望する外国人については，日本に帰化申請し，法務大臣の許可を得ることによって，戸籍に記載されます。

戸籍には，出生や死亡に関する事項，親子関係，養親子関係，夫婦関係（婚姻・離婚），親権者等に関する事項が記載されます。

また，戸籍は，時代の変遷とともに何度か作り直しが行われてきました（戸籍の編製）。そのため，被相続人の「最後の戸籍」だけでなく，「作り直される前の戸籍」も集めないと，相続人全員を確認できないような内容になっています。

さらに，戸籍は，「本籍地」のある市区町村ごとに管理されているため，婚姻・離婚・転籍等により「本籍地」が他の市区町村へ移った場合には，移った先の市区町村が発行する戸籍も集める必要があります。

この「本籍地」とは，戸籍のある場所のことをいい，日本国内の地番がある場所であればどこにでも置くことができます。

（2） 戸籍の種類と用語

① 戸籍謄本（戸籍の全部事項証明書）

戸籍の原本の“全部”を写した書面

② 戸籍抄本（戸籍の一部事項証明書）

戸籍の原本の“一部”を写した書面

③ 除籍謄本（除かれた戸籍の全部事項証明書）

婚姻・養子縁組・死亡・他市町村への転籍などにより戸籍から除かれて，最終的に在籍者が誰もいなくなった戸籍の原本の“全部”を写した書面

④ 除籍抄本（除かれた戸籍の一部事項証明書）

婚姻・養子縁組・死亡・他市町村への転籍などにより戸籍から除かれて，最終的に在籍者が誰もいなくなった戸籍の原本の“一部”を写した書面

⑤ 現在戸籍

現に在籍している者がおり，使用されている戸籍

⑥ 改製原戸籍

戸籍の様式が法令に基づき改められた場合，戸籍を新しい様式に改めるための作り直しが行われるが（戸籍の改製），その改製前の様式の戸籍

(３) 戸籍の「繋ぎ方」

① 必要なスキル

日本人は，出生により父母の戸籍に入籍し，婚姻によりその戸籍から除籍され，新たに編製された戸籍に入籍します。また，本籍を他の市区町村へ移すと（転籍），転籍先の市区町村に新たな戸籍が編製されます。

このように，一生の間に数通の戸籍が編製されていることになるため，1 通の戸籍に全ての身分事項が記載されてはいません。

そこで，相続手続においては，「被相続人の出生から死亡までの戸籍謄本（現在戸籍又は除籍謄本，改製原戸籍）」の全てを収集する必要があります。

そして，収集した戸籍の全てが，被相続人の出生から死亡までの身分関係を証明しているかどうかの確認作業（読み込み）が重要になります。つまり，相続手続を進めるためには，各戸籍間の繋がりを確認するスキルを身につける必要があります。

② 「現行戸籍」と「旧法戸籍」

まず，現行民法が施行された昭和23年以降に作成された戸籍を，現行戸籍（戦後の戸籍）と呼んでいます。1 つの戸籍に 1 組の夫婦と子が登録される様式になっています。

一方で，旧民法の家制度に基づき，「戸主夫婦」と「子」，「戸主の父母」，「戸主の兄弟姉妹とその配偶者及び子」，「叔父夫婦と子」という大家族が読み取れる戸籍を旧法戸籍（戦前の戸籍）と呼んでいます。さらに，旧法戸籍には，明治 5 年式戸籍，明治 19 年式戸籍，明治 31 年式戸籍，大正 4 年式戸籍がありますが，実務的には，戸籍の年式まで意識する必要はありません。

③　戸籍の「編成原因」と「消除原因」

各戸籍間を繋げるためには，戸籍がいつ作成され（編製），いつ閉じられた（消除）のかを読み取る必要があります。

その編製原因と消除原因は，現行戸籍と旧法戸籍によって違いがあり，その各原因を理解することが大切です。

【現行戸籍の編製原因と消除原因の代表例】

戸籍の編製原因
原則：日本人同士の「婚姻」の届出があった場合。 （例）AとBが婚姻し，Aの氏を称する届出をすると，Aを筆頭者とする夫婦の新戸籍が編成される 例外：AとBが婚姻する際，Aの氏を称する場合にAが筆頭者である場合。 （例）Aが婚姻前に親の戸籍から分籍している等，既に戸籍筆頭者になっている場合は，BがAの戸籍に入籍するのみで，新たに戸籍は編製されない
筆頭者及びその配偶者以外の者が，これと同一の氏を称する子又は養子を有するに至った場合。 （例）筆頭者Aと妻Bとの間の長女Cが，非嫡出子を出産した場合や養子をもらった場合，長女Cと非嫡出子又は養子が登録された新戸籍が編成される
離婚・離縁・婚姻若しくは縁組の取消しによって，婚姻・縁組前の氏に復する場合に復籍すべき戸籍が既に消除されているとき，又は，新戸籍編製の申出があった場合。 生存配偶者が婚姻前の氏に復する場合，あるいは氏を変更した子が成人し，従前の氏に復する場合も同様。
離婚・離縁又は婚姻・縁組の取消の際に称していた氏を称する旨の届出が，離婚・離縁後3か月以内にあった場合で，その届出をした者が筆頭者でないとき，または，筆頭者であっても他に在籍者があるとき。
配偶者のある者が縁組・離縁などにより氏を改めた場合。 （※）独身者が養子縁組をした場合には，養親の戸籍へ入籍する。
特別養子縁組の届出があった場合。 （※）特別養子の場合，養親の戸籍に入籍する前に，一時的に養子の新戸籍を編成する。

分籍した場合。 （※）分籍とは，戸籍の筆頭者及びその配偶者以外の者で成年に達した者が，別に新しく戸籍を作ること。
他市区町村から「転籍」した場合。 （※）同一市区町村内の転籍では，本籍の更正が行われるだけで新戸籍は編成されない。
戸籍が「改製」された場合。 簡易改製に注意（下記参照）。
戸籍の消除原因
他市区町村へ「転籍」した場合。
戸籍が「改製」された場合。 任意改製（下記参照）。
戸籍に記載された全員が死亡等により除籍された場合（下記参照）。

（ⅰ） 簡易改製

昭和22年に「家制度」が廃止されてから10年後の昭和32年に，旧法戸籍から現行戸籍への改製作業が本格的にスタートしました。具体的には，家単位の戸籍から，夫婦単位の戸籍への編製替えです。

しかし，改製前の在籍者の状態が，現行戸籍の編製基準に合致している場合には，あえて新しい戸籍を編製しなくても問題がないので，「昭和32年法務省令第27号により昭和○○年○月○日本戸籍改製」と表記して，改製の効力を生じさせる取扱いにした経緯があります。これが，簡易改製です。

したがって，戸籍を繋げる場面においては，「昭和32年法務省令第27号により……改製」（簡易改製）とのキーワードがあった場合には，編製原因には含まれないと考えてよいことになります。

簡易改製であることを判断できないと，その前の戸籍が不足していると勘違いをしてしまうことになりかねませんので，注意してください。

（ⅱ） 任意改製

簡易改製が行われた場合，現行戸籍の編製基準には合致しているものの，様式は旧法のままですので，旧法戸籍と現行戸籍が，1つの戸籍に混在する状態の戸籍になっています。

そこで，編製基準だけでなく，様式も新法様式に合致させるための編製替えが認められましたが，その実施は各市区町村の任意とされたため，「任意改製」と呼ばれています。

「昭和32年法務省令第27号により……戸籍を編成したため本戸籍消除」とのキーワードを見つけた場合には，任意改製によって戸籍が消除されたと判断すればよいことになります。

《外国人との婚姻・離婚の場合》

上記以外に外国人との婚姻・離婚による戸籍の編製原因として，下記があります。

① 日本国籍を有しない外国人との婚姻の届出をする際，日本人が筆頭者でないとき

ただし，昭和25年7月1日から昭和59年12月31日までの取扱いは，新戸籍を編成せずに，日本人の身分事項欄に外国人との婚姻事項が記載されるのみ

《具体例》

筆頭者Aの妻Bとの間の長女Cが外国人Dと結婚する場合，長女Cは筆頭者ではないため新戸籍が編成されます。なお，外国人の夫Dは，日本国籍がないため戸籍には記載されず，長女Cの身分事項欄に長女Cが外国人Dと婚姻したと記載されます。

② 外国人と婚姻した者が，外国人配偶者の氏に変更する届出があった場合，あるいはその者が離婚して元の氏に変更する届出があった場合で，同籍者の子が他にあるとき

《具体例》

外国人と婚姻したからといって，当然に日本人の氏が外国人配偶者の氏に変わるわけではありません。外国人配偶者の氏に変更したい場合には，婚姻後６か月以内に戸籍法上の届出が必要になります。その届出があった場合には，新戸籍が編成されます。また，外国人配偶者の氏に変更した者が離婚して，元の氏に変更する届出があった場合で，子が同籍している場合にも，新戸籍が編成されます。

《解説》

外国人と婚姻しても氏の変更はありませんが，外国人の氏に変更する旨を届け出ることによって，外国人の氏を称することができます。ただし，本人以外に子が同籍しているときは，氏の変更の効果が子に及ばないため，氏の変更者は新たに氏の変更による新戸籍を編製することになります。子は元の戸籍に在籍していることから，親子の戸籍と氏が別々となってしまいますが，子は氏を変更した親の新戸籍に同籍する旨の入籍届をすることによって，戸籍だけでなく氏も同一にすることは可能です。

【旧法戸籍の編製原因と消除原因の代表例】

戸籍の編製原因	消除原因
「家督相続」があった場合， （例）戸主の死亡，戸主の隠居，戸主の国籍喪失，女戸主の入夫婚姻等	「家督相続」があった場合。
「分家」した場合。	―
他市町村から「転籍」した場合。 （※）同一市町村内の転籍では，本籍の更正が行われるだけで新しい戸籍は作成されない。	他市町村へ「転籍」した場合。
戸籍が「改製」された場合。	戸籍が「改製」された場合。

【旧戸籍法の用語解説】

用語	意味
戸主《こしゅ》	現在の筆頭者と同じように戸籍の検索的機能を持っていると同時に，家長として特別の権利を有する地位にある者 （※）特別の権利…家族の婚姻・縁組への同意権，分家の同意権等
家督相続《かとくそうぞく》	戸主としての身分的地位と，戸主に属する家の財産を単独で承継する相続。 （※）家督相続は，戸主の死亡だけでなく，戸主の隠居・国籍喪失・女戸主の入夫婚姻等によっても発生する。 （※）一般的に長男が単独で家督相続人となることが多い。
隠居《いんきょ》	戸主が生前に戸主の地位を退き，戸主権と家の財産を相続人に承継させる法律上の行為。
分家《ぶんけ》	家族が戸主の同意を得て，その属している家を離れ，新たに一家を設立すること。

5 戸籍を繋げるための「マニュアル」と「ケースメソッド」

戸籍制度全体を理解しようとすれば，戸籍法の迷路に迷い込んでしまいます。しかし，今まで解説した基本知識を基に次のマニュアルを実践することにより，戸籍を読み，戸籍を繋げるための骨組みができるはずです。

まずは「**(1)** マニュアル」を覚え，次に「**(2)** ケースメソッド」でそのイメージを掴んでください。そして，「**(3)** マニュアルへの当てはめ」の項で，具体的な解説をします。

（1） マニュアル

① 手順１

被相続人の死亡の記載がある除籍・戸籍謄本から，被相続人の「出生日」と「死亡日」を確認し，「いつ」から「いつ」までの戸籍を繋げる必要があるかを把握します。

② 手順２

被相続人の戸籍を繋げます。

ポイント１　戸籍の編成原因・消除原因となる重要キーワードに注目します。例えば，「編成」，「改製」，「婚姻」，「分籍」，「転籍」，「家督相続」，「分家消除」，「抹消」，「入籍」，「除籍」などです。これらの重要キーワードを拾い上げ，戸籍が「作成された時期」と「閉じられた時期」を判断します。

ポイント２　「昭和 32 年法務省令第 27 号による改製」（簡易改製）は無視します。

ポイント3　編製原因が複数あるときは，新しい日付の原因を優先します。

③　手順3

相続人を確認します。(**2** 相続人の範囲を参照)。

(2)　ケースメソッド

下記の相続関係を証明するための戸籍1～4を繋げてみましょう。

【相続関係図】

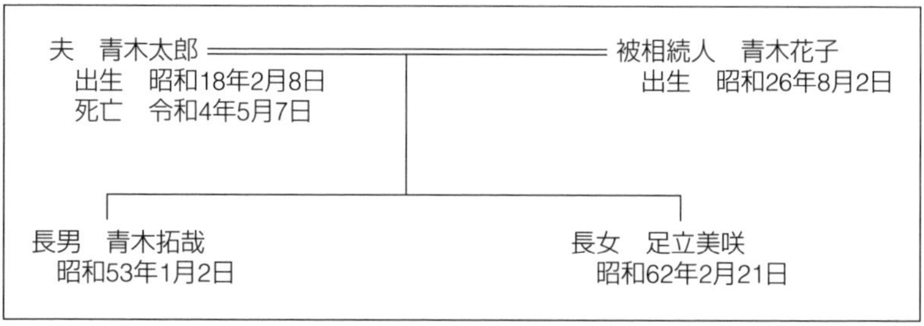

【戸籍[1]】

(1の1)　全部事項証明

本　籍 氏　名	静岡県藤枝市田沼八丁目8番地8 青木太郎
戸籍事項 戸籍改製	【改製日】平成17年11月26日　❶ 【改製事由】平成6年法務省令第51号附則第2条第1項による改製
戸籍に記録されている者 除　籍	【名】太郎 【生年月日】昭和18年2月8日　❷ 【父】青木慎太郎 【母】青木さち 【続柄】二男
身分事項 出　生	【出生日】昭和18年2月8日 【出生地】静岡県志太郡青島町 【届出日】昭和18年2月13日 【届出人】父
	【婚姻日】昭和51年12月13日 【配偶者氏名】伊藤花子 【従前戸籍】静岡県藤枝市田沼八丁目8番地8　青木慎太郎
	【死亡日】令和4年5月7日　❸ 【死亡時分】午後1時10分 【死亡地】静岡県焼津市 【届出日】令和4年5月7日 【届出人】親族　青木拓哉
戸籍に記録されている者	【名】花子 【生年月日】昭和26年8月2日 【父】伊藤金太郎 【母】伊藤つね 【続柄】三女
身分事項 出生	【出生日】昭和26年8月2日 【出生地】静岡県志太郡高洲村 【届出日】昭和26年8月6日 【届出人】父
婚姻	【婚姻日】昭和51年12月13日 【配偶者氏名】青木太郎 【従前戸籍】静岡県藤枝市高洲88番地4　伊藤金太郎

配偶者の死亡	【配偶者の死亡日】令和4年5月7日
戸籍に記載されている者	【名】拓哉 【生年月日】昭和53年1月2日 【父】青木太郎 【母】青木花子 【続柄】長男
身分事項 出生	【出生日】昭和53年1月2日 【出生地】静岡県島田市 【届出日】昭和53年1月9日
戸籍に記録されている者 除　籍	【名】美咲 【生年月日】昭和62年2月21日 【父】青木太郎 【母】青木花子 【続柄】長女
身分事項 出生	【出生日】昭和62年2月21日 【出生地】静岡県焼津市 【届出日】昭和62年2月26日 【届出人】父
婚姻	【婚姻日】平成28年8月8日 【配偶者氏名】足立洋介 【送付を受けた日】平成28年8月13日 【受理者】東京都八王子市長 【新本籍】東京都八王子市北野二丁目8番地11 【称する氏】夫の氏
	以下余白

これは，戸籍に記録されている事項の全部を証明した書面である。

令和4年5月26日 4
静岡県藤枝市長

【戸籍2】

改製原戸籍	平成六年法務省令第五一号附則第二条第一項による改製につき平成拾七年拾壱月弐拾六日消除 1

本籍	静岡県藤枝市田沼八丁目八番地八	氏名 青木太郎
婚姻の届出により昭和五拾壱年拾弐月拾参日編製 2		

身分事項	父	母	続柄	名	出生
昭和拾八年弐月八日志太郡青島町で出生同月拾参日父届出入籍 昭和五拾壱年拾弐月拾参日伊藤花子と婚姻届出藤枝市田沼八丁目八番地八の青木慎太郎戸籍から入籍 3	青木慎太郎	青木さち	弐男	夫 太郎	昭和拾八年弐月八日
昭和弐拾六年八月弐日志太郡高洲村で出生同年八月六日父届出入籍 昭和五拾壱年拾弐月拾参日青木太郎と婚姻届出藤枝市高洲八拾八番地四伊藤金太郎戸籍から入籍	伊藤金太郎	つね	三女	妻 花子	昭和弐拾六年八月弐日
昭和五拾参年壱月弐日島田市で出生同年壱月九日父届出入籍	青木太郎	花子	長男	拓哉	昭和五拾参年壱月弐日
昭和六拾弐年弐月弐拾壱日焼津市で出生同年弐月弐拾六日父届出入籍	青木太郎	青木花子	長女	美咲	昭和六拾弐年弐月弐拾壱日

この謄本は、改製原戸籍の原本と相違ないことを認証する。

令和四年五月弐拾六日
静岡県藤枝市長

【戸籍3】

改製原戸籍

平成六年法務省令第五一号附則第二条第一項による
改製につき平成拾七年拾壱月弐拾六日消除　❶

本籍	静岡県藤枝市前島千八百六拾八番地の八 田沼八丁目八番地八	氏名	青木慎太郎

昭和参拾弐年法務省令第二十七号により改製
昭和参拾参年七月弐拾弐日同所同番地青木定次戸籍から本戸籍編製　❷
滅失の虞あるため命により昭和参拾六年参月参拾日本戸籍再製　❸

大正参年弐月弐拾七日本籍で出生父青木定次届出三月七日受付入籍
田中さちと婚姻届出昭和拾参年六月拾弐日受附
昭和参拾八年壱月六日午前拾時七分藤枝市で死亡同居の親族青木太郎届出同日受附除籍

父	青木定次	長男
母	とき	
夫	青木慎太郎	
出生	大正参年弐月弐拾七日	

大正五年八月参日志太郡朝比奈村五百八拾八番地で出生父田中虎之助届出同月弐拾六日受附入籍
昭和拾参年六月拾弐日青木慎太郎と婚姻届出志太郡朝比奈村五百八拾八番地田中耕三戸籍より同日入籍
昭和参拾八年壱月六日夫慎太郎死亡

父	亡田中虎之助	弐女
母	とわ	
妻	さち	
出生	大正五年八月参日	

昭和拾参年参月拾壱日本籍で出生父青木慎太郎届出同月拾九日受附入籍
遠藤政子と婚姻夫の氏を称する届出昭和参拾九年参月九日受付藤枝市前島千八百六拾八番地の八に新戸籍編製につき除籍

父	青木慎太郎	長男
母	さち	
	史郎	
出生	昭和拾参年参月拾壱日	

昭和拾八年弐月八日本籍で出生父青木慎太郎届出同月拾参日受附入籍
昭和五拾壱年拾弐月拾参日伊藤花子と婚姻夫の氏を称する届出藤枝市田沼八丁目八番地八に新戸籍編製につき除籍　❹

父	青木慎太郎	弐男
母	さち	
	太郎	
出生	昭和拾八年弐月八日	

この謄本は、改製原戸籍の原本と相違ないことを認証する。

令和四年五月弐拾六日
静岡県藤枝市長

【戸籍4】

改製原戸籍

区分	事項	父	母	続柄	氏名	出生
本籍	静岡県藤枝市前島千八百六拾八番地の八					
前戸主	青木五右衛門					
戸主	本籍ニ於テ出生父青木五右衛門明治弐拾六年拾壱月拾弐日出生届出同日受附入籍助役 渡邉とき卜婚姻届出明治四拾五年弐月参日受付助役 大正五年拾月九日前戸主青木五右衛門隠居ニ因リ家督相続届出同月同日受附 ❶ 昭和参拾弐年法務省令第二十七号により昭和参拾参年七月弐拾弐日本戸籍改製 ❷ 昭和参拾弐年法務省令第二十七号により昭和参拾四年六月弐拾六日あらたに戸籍を編製したため本戸籍消除 ❸	青木五右衛門	きく	長男（前戸主との続柄 青木五右衛門長男）	青木定次	明治弐拾六年拾壱月拾弐日
父	長嶋きく卜婚姻届出明治拾参年四月参日受付 隠居届出大正五年拾月九日受附助役 大正拾参年参月参日午前拾壱時本籍ニ於テ死亡戸主青木定次届出同月四日受付	青木蔵衛門	みよ	長男	~~青木五右衛門~~	嘉永参年拾壱月弐拾参日
母	志太郡南八楠村九百八拾九番地戸主長嶋利右衛門参女明治拾参年四月参日青木五右衛門ト婚姻届出同日入籍助役 大正拾参年参月参日五右衛門死亡ニ因リ婚姻解消 昭和拾壱年壱月壱日午前九時本籍ニ於テ死亡戸主青木定次届出同月同日受附	長嶋利右衛門	長嶋ふき	参女	~~きく~~	慶應参年弐月弐日
妻	志太郡焼津町八楠八拾八番地戸主渡邉文右衛門長女明治四拾五年弐月参日青木定次ト婚姻届出同日入籍助役 昭和参拾弐年壱月拾五日午後八時本籍で死亡同居の親族青木定次届出同月拾六日受付除籍	渡邉文右衛門	くき	長女	~~とき~~	明治弐拾八年九月九日
長男	本籍ニ於テ出生父青木定次大正参年弐月弐拾七日出生届出同日入籍助役 田中さちと婚姻届出昭和拾参年六月拾弐日受附 改製により新戸籍編製につき昭和参拾参年七月弐拾弐日除籍 ❹	青木定次	青木とき	長男	~~慎太郎~~	大正参年弐月弐拾七日

	弟	弟妻	婦	孫	孫
事項	《省略》	《省略》	志太郡朝比奈村五百八拾八番地戸主田中耕三妹昭和拾参年六月拾弐日青木慎太郎ト婚姻届出同日入籍 昭和参拾参年七月弐拾弐日夫とともに除籍	《省略》	本籍ニ於テ出生父青木慎太郎届出昭和拾八年弐月拾参日受附入籍 昭和参拾参年七月弐拾弐日父母に随い除籍 5
父	青木五右衛門	鈴木惣兵衛	田中虎之助	《省略》	青木慎太郎
母	きく	あき	とわ		さち
父母との続柄	弐男	参女	弐女		弐男
家族トノ続柄			長男慎太郎妻		
名	定直	たみ	さち		太郎
出生	明治弐拾八年拾弐月拾弐日	明治弐拾九年参月弐日	大正五年八月参日		昭和拾八年弐月八日

この謄本は、改製原戸籍の原本と相違ないことを認証する。

令和四年五月弐拾六日
静岡県藤枝市長

（3） マニュアルへの当てはめ

① 手順1：戸籍から被相続人の「出生日」と「死亡日」を確認する

被相続人 青木太郎の「出生日」と「死亡日」を確認することにより，「いつ」から「いつ」までの戸籍を繋げる必要があるかが分かります。

青木太郎の「出生日」と「死亡日」が記載されている戸籍は，戸籍[1]となります。

戸籍[1]の❷を見ると，生年月日は昭和18年2月8日，戸籍[1]の❸を見ると，死亡日は令和4年5月7日となっていることから，昭和18年2月8日から令和4年5月7日までの期間における身分関係を証明する戸籍を集める必要があると分かります。

② 手順2：被相続人の戸籍を繋げる

ポイント1 の重要キーワードに注目しながら各戸籍を見ていきましょう。重要キーワードは，先でも述べたとおり，例えば，「編製」「改製」「婚姻」「分籍」「転籍」「家督相続」「分家消除」「抹消」「入籍」「除籍」などです。

（ｉ） 戸籍[1]が証明する期間について

戸籍[1]の❶からは，平成17年11月26日に戸籍が「改製」された，すなわち，戸籍が作成されたことが分かります。

そして，戸籍[1]は，除籍謄本ではなく現在戸籍であるため，戸籍発行日である令和4年5月26日（戸籍[1]の❹を参照）までの身分関係を証明していることになります。

したがって，戸籍[1]が証明する期間は，「平成17年11月26日から令和4年5月26日」までとなります。

(ii) 戸籍②が証明する期間について

戸籍②の❶からは，平成 17 年 11 月 26 日に新たな戸籍が「改製」されたことにより戸籍が消除された，すなわち，戸籍が閉じられたことが分かります。

そして，戸籍②の❷では，昭和 51 年 12 月 13 日編製とありますので，当該日付で戸籍が「編製」された，すなわち，戸籍が作成されたことが分かります。

したがって，戸籍②が証明する期間は，「昭和 51 年 12 月 13 日から平成 17 年 11 月 26 日」までとなります。

もっとも，この判断だけでは，昭和 51 年 12 月 13 日に戸籍が作成されたことは分かりますが，それ以前の戸籍に繋げる情報が分かりません。そのヒントになるのが，戸籍②の❸です。つまり，戸籍が編製された同じ日付で，青木太郎が「青木慎太郎の戸籍」から戸籍②へ「入籍」してきたことが分かりますので，次は「青木慎太郎の戸籍」を取り寄せることになります。

(iii) 戸籍③が証明する期間について

戸籍③の❶からは，平成 17 年 11 月 26 日に新たな戸籍が「改製」されたことにより戸籍が消除された，すなわち，戸籍が閉じられたことが分かります。

そして，戸籍③の❷では，昭和 33 年 7 月 22 日編製とありますので，当該日付で戸籍が「編製」された，すなわち，戸籍が作成されたことが分かります。

したがって，戸籍③が証明する期間は，「昭和 33 年 7 月 22 日から平成 17 年 11 月 26 日」までとなります。

さらに，戸籍③の❹からは，青木太郎は「昭和 51 年 12 月 13 日」に戸籍③から除籍され，戸籍②が作成されたことが分かります。これにより，青木太郎についての戸籍[2]と戸籍[3]の繋がりが分かります。

なお，戸籍[3]の❸では，「再製」という表現がなされています。この「再製」とは，戸籍の一部・全部が滅失した又は滅失のおそれがあるときに，新しい用紙に移し替えることを意味しているだけですので，重要キーワードにはならないと考えて差し支えありません。

(ⅳ) 戸籍[4]が証明する期間について

戸籍[4]の❶では，大正5年10月9日「家督相続」とありますので，当該日付で戸籍が編製された，すなわち，戸籍が作成されたことが分かります。

続いて，戸籍[4]の❷では，重要キーワードの「改製」との表現がありますが，これは先に解説した簡易改製（昭和32年法務省令第27号による改製）ですので，無視して構いません（ポイント2）。

そして，戸籍[4]の❸からは，昭和34年6月26日に戸籍が消除された，すなわち，戸籍が閉じられたことが分かります。

したがって，戸籍[4]が証明する期間は，「大正5年10月9日から昭和34年6月26日」までとなります。

さらに，戸籍[4]の❹及び❺からは，青木太郎は昭和18年2月8日に出生により入籍し，昭和33年7月22日に父である青木慎太郎とともに戸籍[4]から除籍され，戸籍[3]が作成されたことが分かります。これにより，青木太郎についての戸籍[3]と戸籍[4]の繋がりが分かります。

(ⅴ) 編製原因が複数あるときの判断方法について（ポイント3）

戸籍が作成された日付，すなわち，編製原因となる日付が複数ある場合は，どの日付を戸籍の編製日（作成日）としたらよいのでしょうか？

例えば，戸籍[4]の❶の後に「東京都港区本町3番1ヨリ転籍…届出昭和30年3月3日受付」と記載されていた場合，「家督相続（大正5年10月9日）」と「転籍（昭和30年3月3日）」のどちらを優先すべきでしょうか？

この場合，新しい編製原因日，すなわち，今現在に近い編製原因日である「転籍日」を優先する必要があります。

したがって，戸籍を繋げるためには，「東京都港区本町3番1の戸主 青木定次」の戸籍を港区から取り寄せる必要があります。

(vi) まとめ

以上により，戸籍1から4は，下記のとおり繋がったことになります。

戸籍1：平成17年11月26日～令和4年5月26日

戸籍2：昭和51年12月13日～平成17年11月26日

戸籍3：昭和33年7月22日
～平成17年11月26日（昭和51年12月13日）

戸籍4：大正5年10月9日（昭和18年2月8日）
～昭和34年6月26日 （昭和33年7月22日）

③ 手順3：相続人を確認する

繋がった戸籍については，2 相続人の範囲の知識をもとに，古い戸籍から新しい戸籍の順番で相続人を確認していきます。

まず，戸籍4及び3について検討すると，この期間において被相続人青木太郎は独身であり，婚外子も存在していないことから，相続人は存在しません。

続いて，戸籍2では，相続人として，配偶者（花子），長男（拓哉），長女（美咲）を確認することができます。

最後に，戸籍1では，相続人として，配偶者（花子），長男（拓哉）が確認でき，長女は婚姻により当該戸籍からは除籍されていることが分かります。

以上により，相続人は，配偶者（花子），長男（拓哉）及び長女（美咲）の3名で確定となります。

（4） 集めるべき戸籍

① 戸籍の請求先

戸籍は，本籍地の各市区町村役場へ請求することによって取得することができます。

郵送での請求も認められていますので，本籍地が遠方の市区町村にある場合には，郵送請求が便利です。ただし，戸籍の発行手数料の支払いは，定額小為替（郵便局で購入可）になります。

② 必要な戸籍の範囲と確認内容

【第1順位】

法定相続人	状況	必要な戸籍	確認内容
子	子が生存している。	・被相続人の出生から死亡までの連続した戸籍謄本等 ・子の戸籍謄本（抄本）（※）	配偶者の有無，第一順位の法定相続人が誰かを確認します。
孫	子が死亡し，孫がいる。	上記戸籍謄本等に加えて， ・亡くなった子の婚姻から死亡までの戸籍謄本等 ・孫の戸籍謄本（抄本）（※）	配偶者の有無，子の死亡と代襲相続人となる孫を確認します。
曾孫	子・孫が死亡し，曾孫がいる。	上記戸籍謄本等に加えて，亡くなった孫の婚姻から死亡までの戸籍謄本等 ・曾孫の戸籍謄本（抄本）（※）	配偶者の有無，子・孫の死亡と代襲相続人となる曾孫を確認します。

（※） 金融機関・証券会社等では，実務上，生存している相続人の戸籍まで求められないのが一般的です。しかし，相続廃除の有無の確認等の理由から，不動産の相続登記の申請を行う際には，生存している相続人の戸籍まで必要になります。

【第２順位（第１順位の相続人がいない場合）】

法定相続人	状況	必要な戸籍	確認内容
父母	父母が生存している。	第１順位の確認で使用した戸籍一式に加えて，父母の戸籍謄本等	配偶者の有無，第１順位の相続人がいないことを確認し，被相続人の父母を確認します。
祖父母	父母が死亡し，祖父母がいる。	上記戸籍謄本に加えて，祖父母の戸籍謄本等	配偶者の有無，第１順位の相続人がいないことを確認し，父母の死亡と祖父母を確認します。

【第３順位（第１順位及び第２順位の相続人がいない場合）】

法定相続人	状況	必要な戸籍	確認内容
兄弟姉妹	兄弟姉妹が生存している。	第１順位・第２順位の確認で使用した戸籍一式に加えて，兄弟姉妹の戸籍謄本等	第１順位・第２順位の相続人がいないことを確認し，兄弟姉妹を確認します。
甥・姪	兄弟姉妹が死亡し，甥・姪がいる。	上記戸籍謄本等に加え， ・亡くなった兄弟姉妹の婚姻から死亡までの戸籍謄本等 ・甥・姪の戸籍謄本等	第１順位・第２順位の相続人がいないことを確認し，兄弟姉妹の死亡と甥・姪を確認します。

6 法定相続情報証明制度の活用

（1） 法定相続情報制度とは

法定相続情報証明制度は，法務局に被相続人の相続関係を証明する戸籍謄本等一式を提出し，あわせて「相続関係を一覧に表した図（法定相続情報一覧図）」を提出することで，登記官がその一覧図に認証文を付した写しを無料で交付する制度です。

「法定相続情報一覧図の写し」を使用しないで相続手続を進める場合には，束になるほどの戸籍謄本等一式を金融機関や証券会社に提出する必要があります。

その場合，金融機関や証券会社の担当者が，戸籍の読み込みやコピー等を行うのに時間がかかり，スムーズかつ迅速に相続手続が進まないことがあります。また，相続手続を進めなければならない金融機関や証券会社が複数ある場合には，戸籍謄本等を何セットも用意する必要が生じ，戸籍発行手数料が多額になる場合があります。

法定相続情報制度を活用することにより，このようなデメリットを解消することができます。

（2） 法定相続情報一覧図の保管及び交付の申出

法定相続情報一覧図の写しを交付してもらうまでの具体的な手続は下記のとおりです。

① 申出人

本制度を利用できるのは，被相続人の相続人（当該相続人の地位を相続により承継した者を含む）に限られます。

② 代理人

申出人の代理人となることができるのは，法定代理人のほか，民法上の親族（民法 725 条：6 親等内の血族，配偶者，3 親等内の姻族）と資格者代理人（司法書士，税理士，弁護士，土地家屋調査士，弁理士，社会保険労務士，行政書士，海事代理士）に限定されています。

資格者代理人の中で法務局との関わりが多いのは，不動産の相続登記を取り扱う司法書士です。本制度で必要になる戸籍謄本等一式は，不動産の相続手続で使用する戸籍謄本等一式と重なり合いますので，「不動産の相続登記申請」と同時に「法定相続情報一覧図の保管及び交付の申出」を行うと非常に効率が良いです。

③ 申出をすることができる法務局

申出をすることができる法務局は，次の地を管轄する法務局のいずれかになります。郵送による申出も認められています。

1	被相続人の本籍地
2	被相続人の最後の住所地
3	申出人の住所地
4	被相続人名義の不動産の所在地

④ 提出書類

1	申出書
2	法定相続情報一覧図
3	被相続人の相続関係を証明する戸籍謄本等一式（**5**（4）集めるべき戸籍参照）

4	相続人の戸籍謄本又は戸籍抄本
5	被相続人の住民票の除票又は戸籍の附票
6	法定相続情報一覧図に相続人の住所を記載したい場合には，相続人の住民票
7	申出人の氏名・住所が確認できる公的書類 （例）運転免許証のコピー，マイナンバーカードの表面のコピー，住民票の写し，印鑑証明書など （※）コピーの場合は，原本と相違ない旨の記載及び申出人の記名が必要です。
8	代理人が申出を行う場合は，委任状 （※）民法上の親族が代理する場合には，親族関係が分かる戸籍も提出する必要があります。 （※）資格者代理人が代理する場合には，資格者代理人団体所定の身分証明書の写しも提出する必要があります。

家庭裁判所に相続放棄（民法 938 条）の申述をし，その申述が受理された相続人がいる場合であっても，登記官は戸籍から相続放棄の有無を確認できないことから，相続放棄をした相続人も法定相続人として記載することになるため注意が必要です。一方で，廃除された推定相続人については，戸籍法 97 条 63 条 1 項により戸籍の届出を要し，戸籍に記載されることから，廃除された推定相続人については法定相続情報一覧図に記載することはできません。

【法定相続情報一覧図の写しのサンプル】

法定相続情報番号 0000-00-00000

被相続人　山田太郎　法定相続情報

最後の住所　○県○市○町○番地○
最後の本籍　○県○市○町○番地○
出生　昭和○年○月○日
死亡　令和○年○月○日
（被相続人）
山　田　　太　郎

住所　○県○市○町○番地○
出生　昭和○年○月○日
（妻）山　田　　花　子

住所　○県○市○町○番地○
出生　昭和○年○月○日
（長男）山　田　　拓　哉　（申出人）

住所　○県○市○町○番地○
出生　平成○年○月○日
（長女）鈴　木　　美　咲

以下余白

作成日：令和○年○月○日
作成者：司法書士　○○○○
（事務所：○県○市○町○番地）

これは，令和○年○月○日に申出のあった当局保管に係る法定相続情報一覧図の写しである。
令和○年○月○日　○法務局○支局

登記官　○○○○　職印

注）本書面は，提出された戸除籍謄本等の記載に基づくものである。相続放棄に関しては，本書面に記載されない。また，被相続人の死亡に起因する相続手続及び年金等手続以外に利用することはできない。

整理番号○○○○　1/1

第2章

相続人ごとに特別な手続が必要なケース

相続人の確定作業が進んだ場合であっても，相続人が行方不明の場合には，後に解説する遺産分割協議や相続分の譲渡等による相続手続が困難となります。

また，そもそも相続人が存在しない場合には，通常の相続手続とは異なる手順を踏んでいく必要が生じます。

さらに，相続人が未成年の場合をはじめ，相続人の意思能力に問題がある場合にも，特別な手続を行わなくてはなりません。

相続業務に携わる者は，特別な手続が必要になるケースを正確に把握し，的確に案内をしなければなりません。以下では，特別な手続について具体的な解説を行います。

1 相続人が行方不明

消息の分からない相続人がいる場合には，その相続人の住所を調査することからはじめる必要があります。

行方不明の相続人の住所が分かった段階で，Googleストリートビュー等で生活状況を確認し，その後の手続の方針を決めるとよいでしょう。

一般的には，「手紙」を郵送し，遺産分割協議等への協力を依頼します。もっとも，「手紙」が届いているにもかかわらず，無視され続けるようであれば，現地に赴く方法も選択肢の1つに入ってきます。

しかし，行方不明の相続人の住所に本人が住んでいないような場合において，本人が死亡している可能性が高ければ，「失踪宣告の申立」を選択し，単に行方不明である場合には，「不在者財産管理人の申立」を行う必要があります。

以下では，その具体的な手続について解説します。

（1） 行方不明になった相続人の住所調査

行方不明の相続人の住所を調べる方法として，その相続人の戸籍の附票を取得する方法があります。

戸籍の附票とは，その戸籍が作られてから（又は，その戸籍に入籍してから）現在に至るまで（又は，その戸籍から除籍されるまで）の住所が記録された戸籍です。

なお，戸籍の附票に「職権消除」の記録がなされている場合には，記録された住所地には居住の実態がないことになりますので，手紙の郵送や現地調査を行う実効性は低くなります。

職権消除とは，市区町村の職権による住民票の記載の一部であり，市区町村が居住の実態について調査を行い，居住の実態がないと判断した時に，住民票に職権消除との記載がなされます。

（2） 不在者財産管理人の「選任」と「権限外行為許可」

「不在者」とは，従来の住所又は居所を去り，容易に戻る見込みのない者をいいます。

相続人の中に不在者がいる場合には，「不在者財産管理人」を家庭裁判所に選任してもらい，不在者に代わって遺産分割協議に参加してもらうことが可能になります。

ただし，不在者財産管理人の権限は，権限の定めのない代理人と同一であり，保存行為をはじめ，目的たる権利の性質を変えない範囲内での利用・改良を目的とする行為に限られます（民法28条，民法103条）。そして，遺産分割協議は，権限外の行為となりますので，家庭裁判所の許可が必要となります。

さらに，不在者財産管理人の権限外行為許可の審判では，遺産分割協議の内容が，不在者の権利ないし利益を不当に害するものではないかどうかが審査対象となります。よって，実務上は，不在者の法定相続分を確保することが求められることが多いです。

【不在者財産管理人の選任審判申立】

作成書類	不在者財産管理人の選任審判申立書
申立時期	随時
申立人	・利害関係人 （例）不在者の配偶者，相続人に当たる者，債権者など ・検察官
管轄裁判所	不在者の従来の住所地・居所地を管轄する裁判所
申立費用	・収入印紙（800 円） ・予納郵便切手（各裁判所の定めるところによる）
添付書類等	・不在者の戸籍謄本（全部事項証明書） ・不在者の戸籍附票 ・財産管理人候補者の住民票又は戸籍附票 ・不在の事実を証する資料 （例）職権消除の記載がある住民票又は戸籍附票 ・不在者の財産に関する資料 （例）不動産登記事項証明書，預貯金等の残高が分かる書類など ・利害関係人からの申立ての場合，利害関係を証する資料 （例）戸籍謄本（全部事項証明書），賃貸借契約書写し，金銭消費貸借契約書写しなど ・場合によって，予納金（※）

（※）　不在者財産管理人は，司法書士や弁護士等の法律専門家が選任されることが多く，相続財産から報酬が確保できないなどの事情等が予想される場合に，その報酬確保の観点から，予納金の納付を求められることがあります。

【不在者財産管理人の権限外行為許可審判申立）

作成書類	不在者財産管理人の権限外行為許可審判申立書
申立時期	権限外行為を行う前
申立人	不在者財産管理人
管轄裁判所	不在者の従来の住所地・居所地を管轄する裁判所
申立費用	・収入印紙（800 円） ・予納郵便切手（各裁判所の定めるところによる）
添付書類等	権限外行為となる事項の資料 （例）財産目録，遺産分割協議書案

(3) 失踪宣告

失踪宣告とは，生死不明の者に対して，法律上死亡したものとみなす効果を生じさせる制度です。

不在者の生死が7年間明らかでないとき（普通失踪），又は，戦争・船舶の沈没・震災などの死亡の原因となる危難に遭遇し，その危難が去った後その生死が1年間明らかでないとき（危難失踪）に，失踪宣告の申立を行うことができます。

申立後は，申立人や不在者の親族などに対し，家庭裁判所調査官による調査が行われます。その後，裁判所が定めた期間内（普通失踪の場合は3か月以上。危難失踪の場合は1か月以上）に，不在者は生存の届出をするように，不在者の生存を知っている人はその届出をするように，官報や裁判所の掲示板で催告をし，その期間内に届出などがなかったときに失踪の宣告がなされます。

失踪宣告がなされると，普通失踪の場合には，不在者の生死が不明になってから7年間が満了したとき，特別失踪の場合には，危難が去ったときに死亡したものとみなされ，不在者について相続が開始します。

また，申立人には，戸籍法による届出義務がありますので，失踪宣告の審判が確定してから10日以内に市区町村役場（不在者の本籍地又は申立人の住所地の役場）に「失踪の届出」をしなければなりません。

【普通失踪と特別失踪】

	普通失踪	特別失踪
失踪期間	７年	１年
起算点	生存が確認された最後の時 （最後の音信）	危難が去った時
死亡の認定時期	失踪期間の満了時	危難が去った時

【失踪宣告の審判申立】

作成書類	失踪宣告の審判申立書
申立時期	普通失踪：不在者の生死が不明になってから７年間経過後 特別失踪：危難が去った後その生死が不明になってから１年間経過後
申立人	利害関係人 （例）不在者の配偶者，父母，相続人，受遺者，生命保険金受取人など （※）相続関係にない親族や取引上の債権者・債務者は，不在者財産管理人制度によって目的を達成できる場合には，利害関係人に含まれない。 （※）検察官は，近親者の感情に配慮する観点から，利害関係人に含まれない。
管轄裁判所	不在者の従来の住所地・居所地を管轄する裁判所
申立費用	・収入印紙（800円） ・予納郵便切手（各裁判所の定めるところによる） ・官報公告料
添付書類等	・不在者の戸籍謄本（全部事項証明書） ・不在者の戸籍附票 ・失踪を証する資料 （例）行方不明者届（捜索願）の受理証，返戻された不在者宛ての手紙など ・申立人の利害関係を証する資料 （例）親族であれば，戸籍謄本（全部事項証明書）

【失踪届】

提出書類	失踪届（市町村役場に定型用紙の備え付けあり）
申出時期	失踪宣告の審判が確定してから10日以内（戸籍法94条，戸籍法63条1項）
申出人	失踪宣告の申立人
届出先	不在者の本籍地又は申立人の住所地の役場
届出費用	なし
添付書類等	失踪宣告の審判書謄本及びその確定証明書 （※）確定証明書は，審判をした家庭裁判所へ交付申請が必要

2 相続人が存在しない場合と債権者・特別縁故者

（1） 相続財産法人

相続人のあることが明らかでないときは，相続財産は法人と擬制されます（民法951条）。

そして，相続人のあることが明らかでないときには，戸籍上の相続人が存在しない場合をはじめ，戸籍上の相続人は存在するが，相続欠格・廃除及び相続放棄によって相続人がいない場合も含まれます。

ただし，遺言により相続財産の全部を譲り受ける相続人以外の第三者（包括受遺者）がいる場合には，相続財産管理人は選任されないとする判例があります（最判平成9年9月12日）。

（2） 相続財産管理人の選任

相続人のあることが明らかでないときは，相続財産は法人と擬制されることから，まずは，相続財産管理人の選任審判申立を行うことからはじめる必要があります。

手続の流れは下記のとおりです。

〈1〉相続財産管理人の選任申立

↓

〈2〉相続財産管理人選任の審判・公告（民法952条）

↓ （※）2か月経過後（民法957条1項）

〈3〉相続債権者・受遺者に対する請求申出の公告・催告（民法957条）

↓ （※）2か月経過後（民法957条1項）

〈4〉相続債権者・受遺者に対する請求申出の公告期間満了

↓

〈5〉相続財産の精算

↓（※）残余財産がなければ，手続は終了

〈6〉相続人捜索の公告〈民法 958 条〉

↓（※）公告期間は 6 か月以上

〈7〉相続人捜索の公告期間満了

↓（※）相続人が出現すれば，相続人に財産を引き継いで，手続は終了

〈8〉相続人捜索の公告期間満了後 3 か月以内に，特別縁故者が家庭裁判所に対して，「特別縁故者に対する相続財産分与の審判申立」を行う（民法 958 条の 3）

↓

〈9〉特別縁故者への分与財産の引継ぎ

↓（※）残余財産がなければ，手続は終了

〈10〉残余財産を国庫引継ぎ（民法 959 条）

【相続財産管理人の選任審判申立】

作成書類	相続財産管理人の選任審判申立書
申立時期	相続発生後，随時
申立人	・利害関係人 （例）特別縁故者，被相続人の債権者，相続財産の時効取得を主張したい者，相続財産を買収したい国・地方公共団体等，相続財産から徴税したい国・地方公共団体 ・検察官
管轄裁判所	相続が開始した地を管轄する家庭裁判所
申立費用	・収入印紙（800 円） ・予納郵便切手（各裁判所の定めるところによる） ・官報公告料

添付書類等	・被相続人の出生から死亡までの連続した戸籍謄本等 ・被相続人の父母の出生から死亡までの戸籍謄本等 ・被相続人の子で死亡している者がいる場合には，その子の出生から死亡までの戸籍謄本等 ・被相続人の直系尊属の死亡の記載のある戸籍謄本等 ・被相続人の兄弟姉妹で死亡している者がいる場合，その兄弟姉妹の出生から死亡までの戸籍謄本等 ・代襲者の甥姪で死亡している者がいる場合，その甥姪の死亡の記載がある戸籍謄本等 ・被相続人の住民票除票又は戸籍附票 ・被相続人の財産を証する資料（不動産の名寄帳や通帳等） ・申立人の利害関係を証する資料 ・その他各裁判所の定めるところにより，追加資料あり

①　予納金

相続財産管理人を選任する際，家庭裁判所は申立人に費用の概算額を予納させるのが一般的です。この予納金は，家庭裁判所が行う管理人選任公告や相続人捜索の公告費用，管理人報酬等に充てられます。

予納金の額については，50万円から100万円とする裁判所が多いのが実情です。もっとも，申立人が相続財産管理人の選任によって得られる利益が少ない場合をはじめ，相続財産に管理費用として十分な現金・預金がある場合には，少額の予納金で済むこともあります。

②　令和3年民法改正による影響

旧法では，相続財産管理人の選任手続においては，上記のとおり，選任公告から清算手続の終了までに，最低でも10か月が必要となり，手続に時間がかかるという問題がありました。

そこで，改正法では，清算手続を合理化し，選任公告と6か月以上の期間を定める相続人の捜索公告とを1つの公告により行うとともに，相続人の捜索の期間中に相続債権者らに対する請求申出の公告を行うことにより，その期間内に請求申出の期間を満了することが可能になりました。その結果，選任公告から清算手続の終了までに最低限必要となる期間が6か月まで短縮されました。

また，相続財産の保存のために選任される相続財産管理人との区別を明らかにするために，民法936条，952条から958条の「相続財産の管理人」という名称が「相続財産の清算人」に改められました。

この民法改正については，令和5年4月1日から施行されます。

(3) 債権者が行うべき行動

例えば，債権者AはBに対して金銭を貸していたが，Bが死亡し，相続人がいないことが分かった場合，債権者Aはどのようにして債権を回収すべきでしょうか。

債権者Aは，相続財産管理人選任の申立を行った後，相続財産管理人から相続債権者を確定するための請求申出の催告がなされた際，「債権届」を当該相続財産管理人に提出することで，相続財産から弁済を受けることができます。

ただし，回収できる債権は，あくまでも相続財産の範囲内となりますので，残された相続財産の額や予納金等を総合的に判断して，相続財産管理人の選任申立を行うメリットがあるか否かを検討する必要があります。

(4) 特別縁故者が行うべき行動

例えば，30年連れ添ってきた内縁の夫が死亡したが，相続人はおらず，内縁の夫名義の自宅があるものの，自宅を購入したときの住宅ローンは内縁の妻がその一部を負担してきた場合，自宅の名義を妻名義にすることはできるでしょうか。

被相続人と生計を同じくしていた者，被相続人の療養介護に努めた者その他被相続人と特別の縁故があった者を特別縁故者といいます（民法958条の3第1項)。自然人だけでなく，国や地方公共団体を含む法人も特別縁故者に含まれます。

特別縁故者は，相続財産管理人選任の申立を行った後，相続人捜索の公告期間満了後3か月以内に家庭裁判所に対して特別縁故者に対する相続財産分与の審判申立を行う必要があります。

そして，裁判所は，その裁量により，精算後に残存する相続財産の全部又は一部を特別縁故者に与える旨の審判をすることができます。

3 相続人が未成年

（1） 遺産分割協議と利益相反

未成年者（18歳未満の者（民法改正により，令和4年4月1日から成人年齢が18歳に引き下げられました（民法4条）））は，単独では法律行為ができないため，遺産分割協議を行う場合は，法定代理人の同意が必要になります（民法5条1項）（遺産分割協議については，第4章 **1** を参照）。

しかし，未成年者と親権者が共同相続人となる場合には，未成年者と親権者との間の利益が相反するため，特別代理人を選任する必要があります（民法826条1項）。未成年者が複数名いる場合には，未成年者それぞれに対して，特別代理人の選任が必要になります。

そして，遺産分割協議では，特別代理人が未成年者を代理して，遺産分割協議書に署名・実印押印（特別代理人の印鑑証明書付）をすることになります。

なお，特別代理人が行った遺産分割協議についての登記申請は，特別代理人が未成年者のために登記申請をするのではなく，親権者が代理で行うことができます（登記実務）。

（2） 相続放棄と利益相反

未成年者は，単独で法律行為ができないため，相続放棄を行う場合は，法定代理人の同意が必要になります（民法5条1項）。

しかし，親権者が相続放棄をせずに，未成年者を代理して相続放棄をする場合には，未成年者と親権者との間の利益が相反するため，特別代理人を選任する必要があります。また，未成年者が複数いる場合において，相続の放棄をしない未成年者がいる場合にも，利益相反行為に該当するため，特別代理人を選任する必要があります（民法 826 条）。

なお，親権者が相続放棄をした後，未成年者全員について相続放棄をする場合は，利益相反行為に該当しません。

【未成年者のための特別代理人の選任審判申立】

作成書類	特別代理人の選任審判申立書
申立時期	遺産分割協議前
申立人	・親権者 ・利害関係人
管轄裁判所	子の住所地を管轄する家庭裁判所
申立費用	・収入印紙（800 円） ・予納郵便切手（各裁判所の定めるところによる）
添付書類等	・子の戸籍謄本 ・親権者の戸籍謄本 ・特別代理人候補者(※1)の住民票又は戸籍附票 ・利益相反に関する資料（遺産分割協議書案等(※2)） ・利害関係人からの申立の場合は，利害関係を証する資料 （※）その他各裁判所の定めるところにより，身分関係についての資料・手続の円滑な進行を図るために必要な資料の提出を求められる場合があります。

（※ 1） 特別代理人については，特段の資格要件は定められていませんので，司法書士等の法律専門家をはじめ，未成年者の祖父・祖母等を特別代理人候補者にすることが認められています。

（※ 2） 遺産分割協議書案は，未成年者の法定相続分が確保されていれば，実務上，家庭裁判所は特別代理人の選任をします。また，未成年者の法定相続分を確保できていなかったとしても，親権者が未成年者を養う状況にあれば，特別代理人の選任が認められる場合もあります。

一方で，明らかに未成年者の利益を害するような遺産分割協議書案等を提出した場合には，そもそも家庭裁判所は特別代理人の選任を認めませんので，特別代理人を選んでもらえさえすれば，いかなる遺産分割協議も可能であると考えるのは誤りです。

4 相続人の判断能力に問題がある場合（認知症等）

相続人に精神上の障害がある者がいる場合については，事理弁識能力の程度によって，成年後見人，保佐人，補助人のいずれかを家庭裁判所に選任してもらう必要があります。

なお，実務上，遺産分割協議の場面においては，成年後見人の選任を検討することが圧倒的に多く，保佐人制度及び補助人制度を利用して遺産分割協議を行うことは少ないのが現状です。

（1） 成年後見人

相続人に「事理を弁識する能力を欠く状況にある者」（民法7条）がいる場合には，家庭裁判所に「成年後見人」を選任してもらい，当該成年後見人が本人に代わって遺産分割協議に参加することになります。

ただし，成年後見人と成年被後見人の双方が共同相続人となる場合には，互いの利益が相反しますので，成年被後見人のための特別代理人を家庭裁判所に選任してもらい（民法860条，民法826条1項），特別代理人が成年被後見人の代理人として遺産分割協議の当事者となります。もっとも，後見監督人が選任されている場合には，後見監督人が成年被後見人を代表するため（民法851条4号），特別代理人の選任は不要です。

【後見開始の審判申立】

作成書類	後見開始の審判申立書
申立時期	遺産分割協議前

申立人	・本人，配偶者，四親等内の親族，未成年後見人，未成年後見監督人，保佐人，保佐監督人，補助人，補助監督人 ・検察官
管轄裁判所	成年被後見人となるべき者の住所地（生活の本拠地）を管轄する家庭裁判所
申立費用	・収入印紙（800 円） ・登記用の収入印紙（2600 円） ・予納郵便切手（各裁判所の定めるところによる）
添付書類等	・本人の戸籍謄本 （※）発行から 3 か月以内のもの ・本人の住民票又は戸籍附票 （※）発行から 3 か月以内のもの ・成年後見人候補者(※1)の住民票又は戸籍附票 （※）発行から 3 か月以内のもの なお，成年後見人候補者が法人の場合には，当該法人の商業登記簿謄本 ・本人の診断書（家庭裁判所が定める様式） （※）発行から 3 か月以内のもの ・本人の健康状態に関する資料（介護保険認定書，療育手帳，精神障害者保健福祉手帳，身体障害者手帳などの写し） ・本人の成年被後見人等の登記がされていないことの証明書（東京法務局後見登録課又は全国の法務局・地方法務局の本局で発行するもの） （※）発行から 3 か月以内のもの ・本人の財産に関する資料（預貯金及び有価証券の残高が分かる預貯金通帳写しや残高証明書，不動産登記事項証明書，未登記の場合は固定資産評価証明書），負債が分かるローン契約書写しなど ・本人の収支に関する資料（今後，取得が見込まれる財産として遺産分割協議書案の添付が求められる場合があります(※2)） （※）その他各裁判所の定めるところにより，身分関係についての資料・手続の円滑な進行を図るために必要な資料の提出を求められる場合があります。

（※ 1） 成年後見人については特段の資格要件は定められていませんので，司法書士等の法律専門家をはじめ，親族を成年後見人候補者にすることが認められています。

（※ 2） 実務上，成年後見人が選任された後，遺産分割協議が控えている場合には，遺産分割協議書案の添付が求められる場合があります。成年後見人は成年被後見人の利益を害するような遺産分割協議をすることはできませんので，他の相続人は，成年後見人が選任されたからといって，成年後見人に対して放棄を求めるような行為はできません。

【成年後見人のための特別代理人の選任審判申立】

作成書類	特別代理人の選任審判申立書
申立時期	遺産分割協議前
申立人	成年後見人
管轄裁判所	後見開始の審判をした家庭裁判所
申立費用	・収入印紙（800円） ・予納郵便切手（各裁判所の定めるところによる）
添付書類等	・成年被後見人の戸籍謄本 ・成年後見人の戸籍謄本 ・特別代理人候補者(※1)の住民票又は戸籍附票 ・利益相反に関する資料（遺産分割協議書案等(※2)） （※）その他各裁判所の定めるところにより，身分関係についての資料・手続の円滑な進行を図るために必要な資料の提出を求められる場合があります。

（※1）特別代理人については特段の資格要件は定められていませんので，司法書士等の法律専門家をはじめ，未成年者の祖父・祖母等を特別代理人候補者にすることが認められています。

（※2）遺産分割協議書案は，成年被後見人の法定相続分が確保されていれば，実務上，家庭裁判所は特別代理人の選任をします。

（2） 保佐人

相続人に事理を弁識する能力が著しく不十分である者（民法11条）がいる場合には，家庭裁判所に「保佐人」を選任してもらい，本人が保佐人の同意を得て（民法13条1項6号），遺産分割協議を行います。

また，保佐開始の審判の際に，遺産分割について保佐人に代理権を付与する旨の審判（民法876条の4第1項）がなされている場合には，保佐人が遺産分割協議に参加することになります。

ただし，保佐人と被保佐人の双方が共同相続人となる場合には，互いの利益が相反しますので，被保佐人のための臨時保佐人を家庭裁判所に選任してもらい，臨時保佐人に同意又は代理してもらう必要があります（民法876条の2第3項）。もっとも，保佐監督人が選任されている場合には，保佐監督人が被保佐人を代表するため（民法876条の3第2項），臨時保佐人の選任は不要です。

【保佐開始の審判申立】

作成書類	保佐開始の審判申立書
申立時期	遺産分割協議前
申立人	・本人，配偶者，四親等内の親族，後見人，後見監督人，補助人，補助監督人 ・検察官
管轄裁判所	被保佐人となるべき者の住所地（生活の本拠地）を管轄する家庭裁判所
申立費用	・収入印紙（1600円） ・登記用の収入印紙（2600円） ・予納郵便切手（各裁判所の定めるところによる）
添付書類等	・本人の戸籍謄本 （※）発行から3か月以内のもの ・本人の住民票又は戸籍附票 （※）発行から3か月以内のもの） ・保佐人候補者[※1]の住民票又は戸籍附票 （※）発行から3か月以内のもの 　なお，保佐人候補者が法人の場合には，当該法人の商業登記簿謄本 ・本人の診断書（家庭裁判所が定める様式） （※）発行から3か月以内のもの ・本人の健康状態に関する資料（介護保険認定書，療育手帳，精神障害者保健福祉手帳，身体障害者手帳などの写し） ・本人の成年被後見人等の登記がされていないことの証明書（東京法務局後見登録課又は全国の法務局・地方法務局の本局で発行するもの） （※）発行から3か月以内のもの ・本人の財産に関する資料（預貯金及び有価証券の残高が分かる預貯金通帳写しや残高証明書，不動産登記事項証明書（未登記の場合は固定資産評価証明書），負債が分かるローン契約書写しなど ・本人の収支に関する資料（今後，取得が見込まれる財産として遺産分割協議書案の添付が求められる場合があります[※2]） ・代理権付与を求める場合には，代理権を要する行為に関する資料

	（※）その他各裁判所の定めるところにより，身分関係についての資料・手続の円滑な進行を図るために必要な資料の提出を求められる場合があります。

（※1）　保佐人については特段の資格要件は定められていませんので，司法書士等の法律専門家をはじめ，親族を保佐人候補者にすることが認められています。

（※2）　実務上，保佐人が選任された後，遺産分割協議が控えている場合には，遺産分割協議書案の添付が求められる場合があります。保佐人は被保佐人の利益を害するような遺産分割協議をすることはできませんので，他の相続人は，保佐人が選任されたからといって，保佐人に対して放棄を求めるような行為はできません。

【臨時保佐人の選任審判申立】

作成書類	臨時保佐人の選任審判申立書
申立時期	遺産分割協議前
申立人	保佐人
管轄裁判所	保佐開始の審判をした家庭裁判所
申立費用	・収入印紙（800円） ・予納郵便切手（各裁判所の定めるところによる）
添付書類等	・被保佐人の戸籍謄本 ・保佐人の戸籍謄本 ・臨時保佐人候補者(※1)の住民票又は戸籍附票 ・利益相反に関する資料（遺産分割協議書案等(※2)） （※）その他各裁判所の定めるところにより，身分関係についての資料・手続の円滑な進行を図るために必要な資料の提出を求められる場合があります。

（※1）　臨時保佐人については特段の資格要件は定められていませんので，司法書士等の法律専門家をはじめ，未成年者の祖父・祖母等を臨時保佐人候補者にすることが認められています。

（※2）　遺産分割協議書案は，被保佐人の法定相続分が確保されていれば，実務上，家庭裁判所は臨時保佐人の選任をします。

（3）　補助人

相続人に事理を弁識する能力が不十分である者（民法15条）がいる場合には，家庭裁判所に「補助人」を選任してもらうと同時に，同意権付与又は代理権付与の申立をする必要があります。

補助開始の審判の際に，遺産分割に補助人の同意を要する旨の審判（民法 17 条 1 項）がなされている場合には，本人が補助人の同意を得て，遺産分割協議を行うことになります。

または，補助開始の審判の際に，補助人に代理権を付与する旨の審判（民法 876 条の 9 第 1 項）がなされている場合には，補助人が遺産分割協議に参加することになります。

ただし，補助人と被補助人の双方が共同相続人となる場合には，互いの利益が相反しますので，被補助人のための臨時補助人を家庭裁判所に選任してもらい，臨時補助人に同意又は代理してもらう必要があります（民法 876 条の 7 第 3 項）。もっとも，補助監督人が選任されている場合には，補助監督人が被補助人を代表するため（民法 876 条の 8 第 2 項），臨時補助人の選任は不要です。

【補助開始の審判申立】

作成書類	補助開始の審判申立書
申立時期	遺産分割協議前
申立人	・本人，配偶者，四親等内の親族，後見人，後見監督人，保佐人，保佐監督人 ・検察官
管轄裁判所	被補助人となるべき者の住所地（生活の本拠地）を管轄する家庭裁判所
申立費用	・収入印紙（1600 円） ・登記用の収入印紙（2600 円） ・予納郵便切手（各裁判所の定めるところによる）
添付書類等	・本人の戸籍謄本 （※）発行から 3 か月以内のもの ・本人の住民票又は戸籍附票 （※）発行から 3 か月以内のもの）

	・補助人候補者(※1)の住民票又は戸籍附票 （※）発行から３か月以内のもの なお，補助人候補者が法人の場合には，当該法人の商業登記簿謄本 ・本人の診断書（家庭裁判所が定める様式） （※）発行から３か月以内のもの ・本人の健康状態に関する資料（介護保険認定書，療育手帳，精神障害者保健福祉手帳，身体障害者手帳などの写し） ・本人の成年被後見人等の登記がされていないことの証明書（東京法務局後見登録課又は全国の法務局・地方法務局の本局で発行するもの） （※）発行から３か月以内のもの ・本人の財産に関する資料（預貯金及び有価証券の残高が分かる預貯金通帳写しや残高証明書，不動産登記事項証明書（未登記の場合は固定資産評価証明書），負債が分かるローン契約書写しなど ・本人の収支に関する資料（今後，取得が見込まれる財産として遺産分割協議書案の添付が求められる場合があります(※2)） ・同意権又は代理権付与を求める場合には，同意権・代理権を要する行為に関する資料 （※）その他各裁判所の定めるところにより，身分関係についての資料・手続の円滑な進行を図るために必要な資料の提出を求められる場合があります。

（※１）　補助人については特段の資格要件は定められていませんので，司法書士等の法律専門家をはじめ，親族を補助人候補者にすることが認められています。

（※２）　実務上，補助人が選任された後，遺産分割協議が控えている場合には，遺産分割協議書案の添付が求められる場合があります。補助人は被補助人の利益を害するような遺産分割協議をすることはできませんので，他の相続人は，補助人が選任されたからといって，補助人に対して放棄を求めるような行為はできません。

【臨時補助人の選任審判申立】

作成書類	臨時補助人の選任審判申立書
申立時期	遺産分割協議前
申立人	補助人
管轄裁判所	補助開始の審判をした家庭裁判所
申立費用	・収入印紙（800 円） ・予納郵便切手（各裁判所の定めるところによる）
添付書類等	・被補助人の戸籍謄本 ・補助人の戸籍謄本 ・臨時補助人候補者(※1)の住民票又は戸籍附票 ・利益相反に関する資料（遺産分割協議書案等(※2)） （※）その他各裁判所の定めるところにより，身分関係についての資料・手続の円滑な進行を図るために必要な資料の提出を求められる場合があります。

（※ 1） 臨時補助人については特段の資格要件は定められていませんので，司法書士等の法律専門家をはじめ，未成年者の祖父・祖母等を臨時補助人候補者にすることが認められています。

（※ 2） 遺産分割協議書案は，被補助人の法定相続分が確保されていれば，実務上，家庭裁判所は臨時補助人の選任をします。

（4） 相続放棄と利益相反

判例上（最判昭和 53 年 2 月 24 日），成年後見人と成年被後見人が共同相続人の場合において，成年後見人が自らの相続放棄をした後，成年後見人を代理して相続放棄をする場合（同時に放棄した場合を含む）には，利益相反行為には当たらないとされています。

当該判例は，保佐人制度や補助人制度の場面においても参考になる判例です。

第3章

相続財産の範囲と調査方法

相続が開始すると，被相続人の財産に属した一切の権利義務は，相続人が全てを承継します（民法896条，包括承継）。ただし，被相続人の一身に専属したものは，相続財産に含まれません（民法896条但書）。例えば，親権や扶養請求権などは，被相続人のみに専属する権利であり，相続の対象とはなりません。

本章では，相続財産になる代表的な積極財産及び消極財産について解説するとともに，相続財産に含まれない財産・権利等についても解説します。

1 積極財産（プラス財産）

（1） 不動産に関する権利

所有権をはじめ，地上権・永小作権・地役権・占有権・賃借権などが相続財産となります。相続人が数人あるときは，当該財産は相続人間での共有状態となります（民法898条）。

不動産の所有権は，各市区町村発行の「固定資産税・都市計画税納税通知書」･「名寄帳」，自宅や貸金庫等に保管してある「登記済権利証」･「登記識別情報通知」を基に調査します。

また，市区町村ごとに被相続人が所有していた不動産が名寄せされているため，「名寄帳」による調査を行う場合には，市区町村ごとに行う必要があります。

（2） 債権（預貯金債権を含む）

金融機関に対する預貯金債権をはじめ，貸金債権や損害賠償請求権などの債権が相続財産となります。

貸金債権などの可分債権は，相続開始と同時に相続分の割合に応じて当然に分割承継されるのが原則です。ただし，平成28年・平成29年最高裁判例により，金融機関に対する預貯金債権については，当然に分割承継されることはなく，遺産分割協議の対象とされました。預貯金債権については，見解が分かれているものの，準共有状態（民法264条）にあるものとして実務上の取扱いが進んでいます。

目的物引渡債権などの不可分債権は，当然に分割承継できないことから，共同相続人は全ての相続人のために履行請求を行うことができます（民法

428条，432条)。

預貯金の調査方法は，被相続人が残した預金通帳・キャッシュカード等から，取引のあった金融機関を洗い出した上で，「残高証明書」の発行を依頼します。預金通帳・キャッシュカードが見当たらない場合には，取引のあった可能性のある金融機関に対し，取引の有無に関する調査を依頼する必要があります。

また，取引のあった金融機関の預金通帳や取引履歴明細証明書に記載された預貯金の入出金から，他の金融機関への送金等を確認できる場合があります。

なお，取引履歴明細証明書や残高証明書は，相続人1名のみで金融機関に対して発行依頼をすることが可能です。

(3) 株式・投資信託

株式や投資信託は，相続財産となります。相続人が数人あるときは，当該財産は相続人間での準共有状態となります（民法898条，民法264条）

株式・投資信託の調査方法は，証券会社で管理されている上場株式や投資信託については，証券会社に対して「残高証明書」の発行を依頼します。

一方で，未上場会社の株式については，当該会社に対して「株主名簿記載事項証明書」の発行を依頼します。未上場会社が株主名簿管理人（会社法123条）を置いている場合には，株主名簿管理人に対して請求する必要があります。

なお，株主数名からなる小規模な親族経営の会社の場合には，株主名簿を作成していない場合があります。その場合には，会社の申告書の「別表2」に株主が記載されていますので，「別表2」を開示してもらう方が迅速な処理が期待できる場合があります。

《信託銀行の証券代行部を利用するケース》

平成21年1月5日，株式等の取引に係る決済の合理化を図るための社債等の振替に関する法律等の一部を改正する法律（決済合理化法）の施行により，株券の電子化が行われ，上場会社の株券等が無効になりました。

その後は，上場会社の株式の所有者情報（株式の氏名，住所，保管株式数等）は，証券会社等が管理する振替口座簿によって行われています。

その関係で，株券の電子化までに証券会社等へ預けられていなかった株式は，株券を発行していた会社が信託銀行等に開設した「特別口座」で管理されています。

したがって，この場合には，信託銀行等の証券代行部に対して「残高証明書」の発行を依頼することになります。

（4） 国債

国債は，相続財産となります。相続人が数人あるときは，当該財産は相続人間での共有状態となります（民法898条）。

国債の募集は，各金融機関が代理窓口となって行われていますので，預貯金と同様の調査方法によります。

（5） 現金

現金は，相続財産となります。相続人が数人あるときは，当該財産は相続人間での共有状態となります（民法898条）。

現金は，被相続人が使用・管理していた自宅金庫や貸金庫をはじめ，タンスやベッドの下に隠されていることがあります。通帳や取引履歴明細証明書から多額の出金が確認できるような場合には，どこかに現金がある可能性を疑った方がよいでしょう。特に，相続人が被相続人と同居しておらず，被相続人の自宅を売却・解体する予定がある場合には，売却・解体前に十分な調査が必要です。

(6) 配偶者短期居住権と配偶者居住権

高齢化社会が進展し，相続発生時点での配偶者の年齢が従前より相対的に高齢化しています。そして，高齢となった配偶者が住み慣れた居住建物を離れて新たな生活を始めることは，精神的・肉体的に大きな負担となることから，配偶者には，その居住権を保護しつつ，将来の生活のために一定の財産を確保させる必要性が高まりました。

そこで，残された配偶者を保護する観点から，令和2年4月1日から「配偶者短期居住権」と「配偶者居住権」の制度がスタートしました。

配偶者の居住権を保護しつつ，将来の生活のために一定の財産を確保させる大まかな仕組みは，下記のようになります。

相続人　妻及び子

遺産　　自宅（2,000 万円），預貯金（3,000 万円）

〈旧制度〉

妻の相続分：1/2　(2,500 万円)

子の相続分：1/2　(2,500 万円)

妻が自宅（2,000 万円）を相続すると，預金は 500 万円しか相続できない。

子は，2500 万円を相続できる。

〈新制度〉

妻が，配偶者居住権（1,000 万円）を相続すれば，預貯金 1,500 万円を相続できる。

子は，配偶者居住権がついた居住用不動産（1,000 万円）を相続し，預貯金 1,500 万円を相続する。

（※）配偶者居住権の実際の評価方法については，別途詳細な検討が必要です。

①　配偶者短期居住権

配偶者短期居住権とは，相続開始時に被相続人の建物（居住建物）に無償で住んでいた配偶者が，一定の期間，居住建物を無償で使用できる権利をいいます。

成立要件として，相続開始の時に被相続人所有の建物に無償で居住していたことが必要です。

②　配偶者居住権

配偶者居住権とは，相続開始時に被相続人の建物（居住建物）に住んでいた配偶者が，配偶者居住権を取得させる旨の遺産分割又は遺贈により，終身又は一定の期間，居住建物を無償で使用できる権利をいいます。

成立要件として，相続開始の時に被相続人所有の建物に居住していた配偶者について，配偶者居住権を取得させる旨の遺産分割（協議・調停・審判）又は遺贈があったことが必要です。

【配偶者短期居住権と配偶者居住権の比較】

	配偶者短期居住権	配偶者居住権
権利の期間（存続期間）	①　居住建物について配偶者を含む共同相続人間で遺産分割をすべき場合は，遺産の分割により居住建物の帰属が確定するまでの間。 　ただし，最低６か月間は保障される。 ②　居住建物が第三者に遺贈された場合や，配偶者が相続放棄をした場合等には，居住建物取得者が配偶者短期居住権の消滅請求をしてから６か月を経過する日までの間。	（原則）配偶者の終身の間。 （例外）遺産分割等で別段の定めをしたときは，その定めるところによる。
権利の消滅事由	①　配偶者が死亡したこと ②　建物が滅失したこと ③　配偶者の義務違反等があり，配偶者以外の相続人が配偶者短期居住権の消滅請求権を行使したこと	①　配偶者が死亡したこと ②　建物が滅失したこと ③　配偶者の義務違反等があり，建物の所有者が配偶者居住権の消滅請求権を行使したこと
場所的成立範囲	居住建物の全部を無償で使用していた場合は全部について成立し，居住建物の一部のみを無償で使用していた場合は，その部分に限って成立する。	居住建物の全部について成立する。
対抗要件	第三者対抗力は付与しない。	登記を対抗要件とし，配偶者に登記請求権を付与する。

この配偶者短期居住権及び配偶者短期居住権に関する規定は，その施行日（令和２年４月１日）以後に開始した相続について適用され，同日前に開始した相続については，なお従前の例によります（改正法附則10条１項）。また，配偶者居住権に関する規定は，その施行の日前にされた遺贈については適用されません（改正法附則10条２項）。

なお，配偶者居住権の登記手続については，第５章を参照してください。

（7） 生命保険契約・生命共済契約

契約者が被相続人で，被保険者・被共済者が被相続人以外の保険契約・共済契約は，相続財産となるのが原則です。相続人が数人あるときは，当該財産は相続人間での共有状態となります（民法 898 条）。

なお，契約者が被相続人で，被保険者・被共済者が被相続人となる保険金・共済金請求権については，保険契約に基づく受取人の権利ですので，相続財産にはならないのが原則です。

生命保険契約や生命共済契約を確認するためには，被相続人が保管していた保険証書・共済証書を探し出す必要があります。証書が見つからない場合には，預貯金の通帳や取引履歴明細証明書から引き落としがなされている保険会社・共済組合を確認し，受取人自らが保険会社・共済組合へ連絡をすることで内容が分かる場合があります。

（8） 火災保険契約・建物更生共済契約

被相続人が加入していた火災保険契約や建物更生共済契約は，相続財産となるのが原則です。相続人が数人あるときは，当該財産は相続人間での共有状態となります（民法898条）。掛捨型の契約はあまり問題になりませんが，貯蓄型の建物更生共済契約は，共有財産となりますので遺産分割協議の対象となります。

生命保険契約や生命共済契約を確認するためには，被相続人が保管していた保険証書・共済証書を探し出す必要があります。

証書が見つからない場合には，預貯金の通帳や取引履歴明細証明書から引き落としがなされている保険会社・共済組合を確認し，契約内容の開示請求等を行う必要があります。

なお，相続発生時点での評価額を知りたい場合には，解約返戻金証明書の請求が可能です。

(9) 動産

家財道具，貴金属，絵画・書画，骨董品，着物，自動車等の動産は，相続財産となります。相続人が数人あるときは，当該財産は相続人間での共有状態となります（民法898条)。

2 消極財産（マイナス財産）

（1） 可分債務

住宅ローンやアパートローン等の金銭債務は，可分債務であり，可分債権と同様に，相続開始と同時に相続分の割合に応じて当然に分割承継されるのが原則です（最判昭和 34 年 6 月 19 日参照）。

ただし，登記実務の先例（昭和 33 年 5 月 10 日民甲 964）では，共同相続人の 1 人のみが抵当権によって担保されている債務を引き受けた場合，その引受けが遺産分割によるもので，債権者の同意があるときは，共同相続人全員の相続による抵当権変更の登記を経ることなく，直接当該共同相続人 1 人の相続による抵当権変更の登記をすることができるとしています。

したがって，実務上は，債権者の同意があることを条件に，可分債務を相続債務に含めた遺産分割協議が行われる場合があります。

金銭債務の有無についての調査方法についてですが，各種契約書が見つかった場合には，残債が残っているかどうかの調査を行う必要があります。また，被相続人の通帳や取引履歴明細証明書に引き落としがなされているような場合も，残債が残っている可能性が高いので，債権者に問い合わせを行い，残債の有無を確認する必要があります。

また，被相続人が借入れをしているかどうかが疑わしいが，何らの情報がない場合には，信用情報機関（全国銀行協会，JICC，CIC）に被相続人の信用情報の開示をすることで，借入残高等の情報を開示してもらうことができます。

信用情報機関	主たる加盟企業
株式会社日本信用情報機構（略称：JICC）	消費者金融
株式会社シー・アイ・シー（略称：CIC）	クレジット会社
一般社団法人全国銀行協会（略称：全銀協）	銀行

（2） 不可分債務

所有権移転登記の履行義務などの不可分債務は，各人に不可分的に帰属し，各相続人が全部について責任を負います。

（3） 連帯債務

連帯債務は，相続開始と同時に相続分の割合に応じて分割された連帯債務を承継し，各自その承継した範囲において他の連帯債務者とともに連帯債務を負います。

（4） 敷金返還債務

敷金返還債務は，相続債務に含まれますが，建物の賃貸人の地位を承継した者が敷金債務の全部を当然に承継します。

（5） 保証債務

保証債務は，相続開始と同時に相続分の割合に応じて承継し，各自その承継した範囲において保証責任を負います。

3 相続財産にならない権利義務

(1) 生命保険金・生命共済金

生命保険金・生命共済金は，特定の人の生死を保険・共済事故とし，その保険・共済事故が発生した場合に，保険会社・共済組合等が受取人に対して約定の一定金額を支払うことを約し，保険・共済契約者がこれに対し保険料・共済料の支払いをもって酬いる契約です。

したがって，契約者及び被保険者・被共済者が被相続人となっている保険契約・共済契約の場合において，保険・共済事故が発生した場合には，受取人に指定された者は，固有の権利として保険金・共済金請求権を取得することになります。

つまり，生命保険金・生命共済金は，相続財産に含まれません。

(2) 死亡退職金

死亡退職金の法的性質については，賃金の後払いとしての性質を重視すれば，相続財産に含まれると考えることができます。

一方で，遺族の生活保障としての性質を重視すると相続財産には含まれないと考えることになります。

実務上は，死亡退職金に関する支給規定がある場合には，支給基準，受給権者の範囲又は順位などの規定により，相続財産に含まれるか否かを検討する必要がありますし，支給規定がない場合には，従来の慣行や支給の経緯等を勘案して相続財産に含まれるか否かを検討する必要があります。

(３) 相続開始から遺産分割協議成立前までの賃料債権

遺産は，相続人が数人あるときは，相続開始から遺産分割までの間，共同相続人の共有に属するものですから，遺産である賃貸不動産を使用管理した結果生じた賃料債権は，遺産とは別個の財産であり，相続財産にはならないのが原則です（最判平成 17 年 9 月 8 日）。

したがって，相続により賃貸建物を取得した相続人は，遺産分割協議の遡及効をもって，相続開始から遺産分割協議成立までの賃料債権を取得することはできません。

ただし，実務上，相続人全員の合意により遺産分割協議の対象にすることは可能です。

(４) 葬儀費用・香典

葬儀費用（通夜・告別式，火葬等の過程で生じる費用）は，相続開始後に生じた債務であり，祭祀主宰者（喪主）が負担すべき費用ですので，相続債務には含まれません。ただし，実務上，共同相続人全員の合意で，遺産分割協議の対象にすることは認められています。

また，香典は，死者への弔意，遺族への慰めとしての側面を有しており，相続財産にはなりません。

(５) 祭祀財産

系譜・祭具・墳墓の祭祀財産は，慣習に従って祭祀主宰者が承継しますので（民法 897 条），相続財産には含まれません。

系譜とは，家系図など先祖代々の系統を書いた文書・図書のことであり，祭具とは，仏像，位牌その他礼拝又は祭祀に直接供するために欠くことができないもの（仏壇，神棚等）をいい，墳墓とは，遺体や遺骨を葬ってある墓碑，埋棺，霊屋，墓所，霊廟などの施設を指します。

(6) 遺産管理費用

相続開始後に発生した固定資産税や火災保険料，賃料等の遺産管理費用は，相続開始後の債務の負担であるから，遺産分割の対象にはなりません。

ただし，相続人全員の合意により相続債務に含め，遺産分割の対象にすることができます。

(7) 扶養義務

扶養義務は一身専属性を有するので，相続債務には含まれません。

ただし，具体的請求権として相続開始前に履行期が到来し，遅滞に陥った権利については，通常の金銭債務として相続債務の対象に含まれます。

(8) 身元保証債務

身元保証契約は，保証人と主債務者の間の特別な信頼関係が基礎にあり，しかもその内容が不明確であることから，相続債務に含まれません。

(9) 遺族年金等

遺族年金等は，被保険者又は被保険者であった者の収入に依拠していた遺族の生活保障を目的とするものですので，遺族固有の権利であり，相続財産には含まれません。

第4章

相続財産の承継・放棄

「相続人の確定作業」や「相続財産の調査」などが完了した後は，相続財産の引継ぎを行うことになります。

被相続人の遺言書が残されていた場合には，遺言書により相続財産の引き継ぎを行うことになります。一方で，遺言書がない場合には，相続人間における遺産分割協議等によって相続財産の引継ぎを行います。

そして，被相続人の債務がある場合には，当事者に債権者が加わってきますので，遺産分割協議や遺言書とは異なる視点での検討が必要となります。

さらに，被相続人が債務超過に陥っている場合には，相続放棄・限定承認の制度を利用するか否かを検討する必要があります。

1　遺産分割協議・相続分の譲渡

（1）遺産分割協議の意義・効力

遺産分割協議とは，相続財産の全部又は一部についての共有状態を解消して，個々の財産の権利者を確定させる合意のことをいいます。この協議の効力は，相続開始日に遡ります（民法909条：遡及効）。

（2）遺産分割協議の期限

民法上，遺産分割協議を行うべき期限はありません。しかし，相続における共有状態を長期間に渡って放置すると，相続人が死亡して2次相続・3次相続が発生し，相続人の数が増大することによって分割協議を成立させることが難しくなる可能性があります。

また，相続税の申告・納税が必要になる場合には，相続開始から10か月以内に行う必要がありますが，その期間内に遺産分割協議が成立しないと，小規模宅地等の特例や配偶者の税額軽減等の減税措置が受けられない場合があります。

したがって，遺産分割協議は，速やかに進めることが大切です。

（3）相続登記の義務化と期限

令和6年4月1日より，所有権の登記名義人について相続の開始があったときは，当該相続により所有権を取得した者は，自己のために相続の開始があったことを知り，かつ，当該所有権を取得したことを知った日から3年以内に，所有権の移転登記をしなければなりません。遺贈により所有権を取得した相続人も同様です（新不動産登記法76条の2第1項，第2

項)。

正当な理由なくその申請を怠ったときは，10万円以下の過料に処せられますが（新不動産登記法164条），上記期間内に登記官に対し，所有権登記名義人について相続が開始した旨及び自らが当該所有権の登記名義人の相続人である旨を申し出ることによって，上記義務を履行したものとみなされます（新不動産登記法76条の3第1項，第2項)。

このように，相続登記が義務化されることにより，事実上，遺産分割協議も3年以内に行うような風潮になっていることが予想されます。

(4) 遺産分割協議の当事者

遺産分割協議は，共同相続人をはじめ，包括受遺者，相続分譲受人，不在者財産管理人などが当事者となります。

また，共同相続人に未成年者がいる場合には，法定代理人である親権者が未成年者に代わって遺産分割協議を行うことになります（民法824条)。ただし，親権者と未成年者の双方が共同相続人となる場合には，互いの利益が相反しますので，未成年者のための特別代理人を家庭裁判所に選任してもらい（民法826条1項），特別代理人が未成年者の代理人として遺産分割協議の当事者になります。

さらに，共同相続人に精神上の障害がある者がいる場合については，事理弁識能力の程度によって取扱いが異なります。

具体的には，第2章「4 相続人の判断能力に問題がある場合（認知症等)」で解説したように，精神上の障害がある者のために成年後見人等を家庭裁判所に選任してもらう必要があります。

なお，共同相続人である「精神上の障害がある者」のために，他の共同相続人が成年後見人等に選任された状況下においては，遺産分割協議が利益相反行為になりますので，特別代理人等を選任してもらう必要があります。

なお，成年後見人や保佐人，補助人が選任されていない場合において，一時的に本人が遺産分割協議を行う程度の意思能力があると見受けられる場合には，本人が遺産分割協議に参加すればよいことになりますが，後日，意思能力の有無について争いになるリスクには十分に注意する必要があります。

(5) 遺産分割協議書の形式

遺産分割協議書は，遺産分割協議の当事者全員が署名・実印押印し，当事者全員の印鑑証明書とセットにすることにより，遺産分割協議が成立したことを対外的にも主張することが可能になるのが実務上の通例です。

また，当事者が互いに遠方に住んでいるなどの理由により，遺産分割協議書を持ち回ったのでは不便が生じる場合には，「遺産分割協議証明書」による方法が便利です。この遺産分割協議証明書は，各相続人が，同一内容が記載された書面に個別に署名・実印押印することにより，遺産分割協議が成立したことを証明する文書であり，その効果は遺産分割協議書と変わりありません。

なお，当事者が外国に居住している場合には，印鑑証明書の発行が行われません。その場合には，在外領事館（日本領事館等）で署名証明書（サイン証明書）を発行してもらい，印鑑証明書に代えることができます。

(6) 遺産分割協議のやり直し

遺産分割協議をやり直したい場合には，当事者全員で遺産分割協議の全部又は一部を合意解除した上で，改めて遺産分割協議を行うことができます（最判平成2年9月27日）。

なお，遺産分割協議のやり直しによって取得した相続財産は，税務上は相続によって取得した財産ではなく，相続人間の贈与や売買，交換と認定され，贈与税や譲渡所得税が課される場合がありますので，注意が必要です。（相続税法基本通達19の2-8但書）。

（7） 遺言の内容と異なる遺産分割協議

遺言によって遺産分割方法の指定等がなされている場合であっても，相続人全員の合意により，遺言とは異なる内容の遺産分割協議を成立させることができます。

ただし，相続人以外の者を含む割合的包括遺贈等がなされていた場合には，相続人以外の者の権利を害さないようにしなければなりません。

なお，遺言書とは異なる内容の遺産分割協議を成立させたとしても，原則として贈与税は課せられません。

（8） 特別受益

被相続人から，遺贈を受け，又は婚姻若しくは養子縁組のため若しくは生計の資本として贈与を受けた相続人のことを特別受益者と言います。

この場合，特別受益者の具体的相続分は，下記の計算式によって計算することになります（民法903条1項）。

（相続開始時の財産＋贈与の価額）× 相続分率 － 遺贈・贈与の価額

上記計算式によって算出した額がマイナスになる場合には，特別受益者の相続分はなくなります（民法903条2項）。被相続人の意思を尊重する観点から，マイナス分を返還する必要はありません。

なお，被相続人は，特別受益の制度を適用しない旨の意思表示（持戻し免除の意思表示）をすることも可能です（民法903条3項）。

さらに，残された配偶者の老後の生活保障の観点から，婚姻期間が20年以上の夫婦の一方である被相続人が，他の一方に対し，その居住の用に供する建物又はその敷地（居住用不動産）について遺贈又は贈与をしたときは，当該被相続人は，持戻し免除の意思表示をしたものと推定されます（民法903条4項）。

《税法上の配偶者控除》

婚姻期間が20年以上の夫婦の間で，居住用不動産又は居住用不動産を取得するための金銭の贈与が行われた場合，基礎控除110万円のほかに最高2,000万円まで控除できる特例があります（相続税法21条の6）。

そして，この特例を受けるためには，一定の書類を添付して，贈与税の申告をすることが必要となります。

なお，税法上の配偶者控除には，居住用不動産を取得するための金銭の贈与まで認められていますが，民法上の特別受益の持戻し免除は，居住用不動産に限定されている点に注意が必要です。この違いは，相続の場面において，金銭の贈与まで持戻しの免除を認めると，配偶者以外の相続人に与える影響が大き過ぎると考えられていることによります。

（9） 寄与分

寄与分制度は，共同相続人中に，被相続人の財産の形成・維持につき特別の寄与をした者がある場合に，相続人間の公平を図るため，その寄与者に対して法定相続分以上の財産を取得させるための制度です（民法904条の2）。

この場合，寄与者の具体的相続分は，下記の計算式によって計算することになります。

（相続開始時の財産－寄与分）× 相続分率 ＋ 寄与分

(10) 特別寄与料

次の要件を満たす者は，原則として特別寄与料（金銭）を請求できます(民法 1050 条)。

① 無償で療養看護その他の労務を提供したこと

② 上記①により被相続人の財産の維持又は増加について特別の寄与があったこと

③ 被相続人の親族（6 親等内の血族，3 親等内の姻族）であること

ただし，相続人，相続の放棄をした者，廃除された者，欠格者は除きます。

なお，特別寄与者は，相続人に対する金銭請求ができる立場にとどまり，遺産分割協議に参加することはできません。

2 遺言

（1） 種類

遺言書には，普通方式（自筆証書遺言，公正証書遺言，秘密証書遺言）と特別方式（危急時遺言，隔絶地遺言）とがありますが，実務上は，普通方式のうち自筆証書遺言（民法968条）と公正証書遺言（民法969条）が圧倒的に多いのが現状です。

そこで，以下では，主に自筆証書遺言と公正証書遺言を中心に解説します。

（2） 自筆証書遺言

自筆証書遺言とは，遺言者が全文，日付，氏名を自書し，押印して作成された遺言をいいます（民法968条1項)。

もっとも，自筆証書遺言に相続財産目録を添付する場合には，目録については自書する必要はなく，目録の毎葉ごとに署名・押印すればよいことになっています（民法968条2項)。なお，押印は実印である必要はありません。

遺言は，遺言者の死亡の時からその効力が生じるのが原則です（民法985条1項)。ただし，遺言に停止条件が付されている場合には，その条件が遺言者の死亡後に成就した時から，遺言の効力が生じます（民法985条2項)。

そして，自筆証書遺言の場合には，相続開始後，遺言の保管者又は相続人は，遺言書を家庭裁判所に提出して検認を請求する必要があります（民法1004条)。検認手続が終了すると，遺言書に検認済証明書が付されます。

なお，自筆証書遺言が封緘されている場合には，検認手続を経る前に開封すると過料を処されますので（民法1005条），注意が必要です。検認手続前に開封しても，遺言書の効力が無効になるわけではありません。

【遺言書の検認の申立書】

作成書類	遺言書の検認の申立書
申立時期	遺言者の死亡後
申立人	・遺言書の保管者 ・遺言書を発見した相続人
管轄裁判所	遺言者の最後の住所地の家庭裁判所
申立費用	・収入印紙（800円） ・予納郵便切手（各裁判所の定めるところによる）
添付書類等	**【共通】** ・遺言者の出生から死亡までの連続した戸籍謄本等 ・相続人全員の戸籍謄本 ・代襲相続が発生している場合には，被代襲者の出生から死亡までの連続した戸籍謄本等 **【第2順位の相続人の場合（相続人が遺言者の直系尊属の場合）】** ・遺言者の直系尊属（相続人と同じ代及び下の代の直系尊属に限る）で死亡している者がいる場合，その直系尊属の死亡の記載のある戸籍謄本等 **【相続人が不存在の場合，遺言者の配偶者のみの場合，遺言者の兄弟姉妹及びその代襲者の場合】** ・遺言者の父母の出生時から死亡時までの連続した戸籍謄本等 ・遺言者の直系尊属の死亡の記載のある戸籍謄本等 ・遺言者の兄弟姉妹で死亡している者がいる場合，その兄弟姉妹の出生から死亡までの連続した戸籍謄本等 ・代襲者としての甥姪で死亡している者がいる場合，その甥・姪の死亡の記載のある戸籍謄本等

（※）遺言書の検認の申立書に添付する戸籍謄本等は，遺言者の法定相続人全員を確定させるために必要な戸籍一式となります。

自筆証書遺言の検認手続において，相続関係が複雑な場合には，相続人の確定作業だけでも相当な労力が必要になりますので，検認手続が要求されない「公正証書遺言」を作成した方が得策です。

また，次で解説する令和２年７月10日から施行された「法務局における遺言書の保管等に関する法律」（以下，保管法といいます）では，遺言書保管所に保管されている遺言書についても，検認は不要とされています（保管法11条）。

（３） 自筆証書遺言書保管制度

自筆証書遺言書保管制度とは，自筆証書遺言書を作成した本人が，供託事務を取り扱う法務局（以下，遺言書保管所といいます）の遺言書保管官に対し，遺言書の保管を申請することができる制度です。これにより，紛失や亡失をはじめ，破棄や隠匿も防ぐことができます。

さらに，遺言者の死亡後，家庭裁判所での検認手続が不要なため，速やかに相続手続を進めることができます。

なお，相続人や受遺者等は，遺言者の死亡後，全国の遺言書保管所で，遺言書のモニターによる閲覧をはじめ，遺言書の内容の証明書の交付を請求することができます。

具体的な手続は，下記の流れで行います。

① 相続発生前

遺言者は，法務大臣指定法務局（遺言書保管所）に自筆証書遺言の保管申請を行います。

申請は本人が出頭して行い（代理人は不可），提出された遺言書はデータとしても管理・保存されます。

【データ（遺言書保管ファイル）の内容】

- 遺言書の画像情報
- 遺言書に記載されてある作成年月日
- 遺言者の氏名，生年月日，住所，本籍
- 遺言書に記載がある場合は，受遺者の氏名，名称，住所
- 遺言書に記載がある場合は，遺言執行者の氏名，名称，住所
- 遺言書の保管開始日
- 遺言書保管所の名称，保管番号

（※）遺言書保管官は，自筆証書遺言の方式のみの審査を行い，有効性については判断しない点に注意が必要です。

②　相続発生後の手続

（ｉ）　遺言書保管事実証明書の交付請求

関係相続人等が，被相続人の遺言書が遺言書保管所に保管されているか否かを確認するための制度です。

遺言書保管事実証明書には，遺言書保管所における関係遺言書の保管の有無，遺言書に記載されている作成年月日，遺言書が保管されている遺言書保管所の名称及び保管番号が記載されています。

現に遺言書を保管している遺言書保管所以外の遺言書保管官に対しても請求ができます。

（ii）　関係相続人等による関係遺言書の閲覧請求

関係相続人等は，関係遺言書を保管する遺言書保管所の遺言書保管官に対し，関係遺言書の閲覧請求をすることができます。

当該閲覧請求があると，遺言書保管官は，相続人・受遺者・遺言執行者等に対して遺言書を保管していることを通知します。

(iii) 遺言書情報証明書の交付請求

相続人，受遺者，遺言執行者等の利害関係人は，遺言書情報証明書の交付請求を行うことができます。当該交付請求は，現に遺言書を保管している遺言書保管所以外の遺言書保管官に対しても請求することが可能です。

そして，当該利害関係人は，遺言書情報証明書を使用して，登記・預金解約等の相続手続を進めることになります。

なお，当該利害関係人からの交付請求があった場合には，遺言書保管官は，他の相続人，受遺者，遺言執行者等に対して遺言書を保管していることを通知します。

(4) 公正証書遺言

公正証書遺言とは，次の方式に従い，公正証書で作成される遺言書を言います（民法 969 条）。

方式 1 証人 2 名以上を立ち会わせること

方式 2 遺言者が遺言の趣旨を公証人に口授すること

方式 3 公証人が遺言者の口述を筆記し，これを遺言者及び証人に読み聞かせ，又は閲覧させたこと

方式 4 遺言者及び証人が筆記の正確なことを承認した後，各自これに署名・押印したこと

方式 5 公証人が，その証書を前記に掲げる要件に従って，作成したことを付記して署名押印すること

公正証書遺言は，家庭裁判所での検認が不要であり（民法 1004 条 2 項），全文を自書する必要がない点に大きなメリットがあります。

（5） 遺言の効力と解釈

① 遺言の効力発生時期

遺言は，遺言者の死亡の時からその効力を生じます（民法985条1項）。

もっとも，遺言に停止条件を付した場合において，その条件が遺言者の死亡後に成就したときは，条件が成就した時から遺言の効力が生じます（民法985条2項）。

なお，遺言に解除条件を付けることについて明文はありませんが，可能であると考えられます。この場合，遺言者死亡時に条件が成就していれば，無効な遺言となります（民法131条1項）。遺言者死亡時に条件が成就しないことが既に確定していれば，無条件の遺言となります（民法131条2項）。遺言者死亡後に条件が成就すれば，その時から遺言は効力を失うことになります（民法127条2項）。

② 遺言の解釈

遺言では，特定遺贈，包括遺贈，負担付遺贈，清算型遺贈，相続分の指定，遺産分割方法の指定等を行うことができます。以下では，その具体的な内容について解説します。

（i） 特定遺贈

特定遺贈とは，特定の具体的な財産を対象とする遺贈を言います（民法964条)。例えば，「不動産Aを甲に遺贈する」との遺言は，特定遺贈です。

特定といっても，遺贈の目的である財産の種類等が指定されていればよいと考えられており，「株式の3分の1を甲に遺贈する」等，目的物の種類・割合による目的物の特定も有効となります。

（ii） 包括遺贈

包括遺贈とは，財産を特定せず，遺産の全部又は一部を一定割合で示してする遺贈をいいます（民法964条)。例えば，「遺産の全部を内縁の妻に遺贈する」(全部包括遺贈),「遺産の2分の1を義甥に遺贈する」(割合的包括遺贈) といった内容が包括遺贈です。

包括遺贈の受遺者 (包括受遺者) は, 相続人と同一の権利義務を有するものとされており (民法990条), 遺贈者の一身に専属したものを除き, 相続開始時から権利義務を包括的に承継します (民法896条)。

したがって, 割合的包括遺贈があった場合には, 相続人や包括受遺者との間で遺産分割協議を行うことになります。

《遺言者の死亡以前に受遺者が死亡していた場合》

遺言者の死亡以前に受遺者が死亡したときは, 遺贈の効力は生じません (民法994条1項)。本条は, 特定遺贈と包括遺贈の両方に適用があると解されます。

条文上, 遺言者の死亡「以前」となっていますので, 遺言者と受遺者が同時に死亡した場合も, 遺贈の効力は生じません。また, 受遺者が法人であり, 当該法人が既に消滅している場合にも, 本条が類推適用されると考えられます。

また, 停止条件付遺贈の場合において, 受遺者が条件成就前に死亡したときも, 遺贈の効力は生じません (民法994条2項本文)。

《受遺者は相続人から不動産の譲渡を受けた第三者に登記なくして対抗できるか?》

平成30年の民法改正前においては, 特定受遺者は, 対抗要件を具備しなければ遺贈による物権変動を第三者に対抗することができないとしていました (最判昭和39年3月6日)。

しかし, 改正後民法899条の2では, 相続による権利の承継は, 遺産の分割によるものかどうかにかかわらず，法定相続分を超える部分については，登記等の対抗要件を備えなければ，第三者に対抗することはできないとされました。

(iii)　負担付遺贈

負担付遺贈とは，受遺者に対して一定の法律上の義務を課した遺贈をいいます。当該受遺者は，遺贈の目的の価格を超えない限度においてのみ，負担した義務を履行する責任を負います（民法 1002 条）。

例えば，「遺言者は A に対して金 1000 万円を遺贈する。ただし，当該遺贈を受ける負担として，遺言者の長男 B が大学を卒業するまでの間，A は学費及び生活費として月額 20 万円を長男 B に支払うことにより，学業を支援しなければならない」との遺言は，負担付遺贈となります。

負担付遺贈の受益者は，相続人をはじめ，相続人以外の第三者でもよいとされています。また，残されたペットをはじめ，不特定多数人，社会公衆等を受益者に準じた地位にあると位置付けることも認められています。

なお，負担が履行されない場合には，相続人は，相当の期間を定めて，その履行の催告をし，その期間内に履行がないときは，当該遺言の取消しを家庭裁判所に請求することができます（民法 1027 条）。

(iv)　清算型遺贈

清算型遺贈とは，遺産を換価処分（売却）し，その売却代金から負債及び売却に伴う諸費用を差し引いた残金を受遺者へ遺贈することをいいます。

例えば，「不動産 A を売却し，その売却代金から株式会社 B 銀行の債務を返済するとともに，売却に伴う仲介手数料等の諸費用を差し引いた残金の各持分 2 分の 1 を甲及び乙に分配する」旨の内容の遺言が，清算型遺贈です。

(v) 相続分の指定

遺言者は，法定相続分の規定にかかわらず，遺言で共同相続人の相続分を定めることができます（民法902条1項)。例えば，相続人が妻A，子B及び子Cの場合において，「A・B・Cの相続分を各3分の1ずつとする」旨の内容の遺言が，相続分の指定です。

また，遺言者は，共同相続人の相続分を定めることを第三者に委託することも可能です（民法902条1項)。

さらに，遺言者は，共同相続人中の1人若しくは数人の相続分のみを定め，又はこれを第三者に定めさせることも可能です（民法902条2項)。

なお，相続債権者は，遺言により相続分の指定がされた場合であっても，法定相続分に応じて権利を行使することができます（民法902条の2)。ただし，相続債権者が，共同相続人の1人に対して，相続分の指定に応じた債務の承継を承認した時は，相続分の指定とおりに権利を行使することになります（民法902条の2但書)。

《「遺贈」ではなく，「相続分の指定」と解釈する場合》

共同相続人ABCに対して，「全財産をAが3分の1，Bが3分の1，Cが3分の1の割合で遺贈する」との遺言がされている時のように，受遺者が相続人全員であり，遺贈の形態が包括遺贈の場合には，登記実務上，これを相続分の指定と解します（昭和38年11月20日民事甲3119号回答)。

(vi) 遺産分割方法の指定

遺言者は，遺言で遺産分割の方法を定めることができます（民法908条前段)。例えば，「不動産はA，預貯金はB，その他の財産はCが相続するように分割せよ」との内容の遺言が，遺産分割方法の指定です。

また，遺言者は，遺産分割の方法を第三者に委託することも可能です（民法 908 条前段）。

(vii) 特定財産承継遺言（相続させる旨の遺言）の解釈

特定の遺産を特定の相続人に相続させる旨の遺言（民法 1014 条 2 項，特定財産承継遺言）は，特段の事情のない限り，当該遺産を当該相続人に単独で相続させる遺産分割の方法を指定したものと解釈するのが最高裁判例（最判平成 3 年 4 月 19 日）の考え方です。そして，当該遺言をもって，直ちに当該遺産が当該相続人に承継されます。

一方で，遺産を割合的に特定の相続人に相続させる旨の遺言があった場合には，遺産分割方法の指定ではなく，相続分の指定と解釈することになり，遺産共有状態を解消するためには，遺産分割協議が必要になります。

《特定財産承継遺言により遺産を取得すべき推定相続人が，遺言者の死亡以前に死亡していた場合》

遺贈については，民法 994 条 1 項において，「遺贈は，遺言者の死亡以前に受遺者が死亡したときは，その効力を生じない」と規定しています。

当該規定が，特定財産承継遺言についても適用されるか否かについて，最高裁（最判平成 23 年 2 月 22 日）は，当該推定相続人の代襲者その他の者に遺産を相続させる旨の意思を有していたとみるべき特段の事情のない限り，相続させる旨の遺言は失効すると判示しました。

登記実務においても，遺言書中に「A が先に死亡したときは，A の直系卑属 B に相続させる」旨の記載がない限り，当該部分については遺言は失効するとしています（昭和 62 年 6 月 30 日民三 3411 号回答）。

（viii） 遺言の解釈が困難な場合

遺言の文言からはその内容が明らかでなく，解釈が必要となる場合があります。その場合，判例上，その解釈について様々な指針が打ち出されていますが，代表的な判例として最判昭和 58 年 3 月 18 日が参考になります。

「遺言の解釈に当たっては，遺言書の文言を形式的に判断するだけではなく，遺言者の真意を探求すべきものであり，遺言書が多数の条項からなる場合にそのうちの特定の条項を解釈するに当たっても，単に遺言書の中から当該条項のみを他から切り離して抽出し，その文言を形式的に解釈するだけでは十分ではなく，遺言書の全記載との関連，遺言書作成当時の事情及び遺言者の置かれていた状況などを考慮して遺言者の真意を探求し，当該条項の趣旨を確定すべきものであると解するのが相当である。」

もっとも，実務上は，上記判例をもってしても，登記官は申請書に添付された限定された書面でしか遺言者の意思を把握できないため，遺言書の記載では対象の不動産が特定できない場合には，法定相続人全員による「申述書（印鑑証明書付）」等により瑕疵を保管する取扱いが認められています（平成 10 年 11 月 26 日民三 2275 号通知，登記研究 107・48，同 671・213）。

（6） 遺言執行者

遺言執行者とは，遺言執行の目的を実現するために特に選任された者をいいます。遺言により指定された者を指定遺言執行者（民法 1006 条），裁判所により選任された者を選任遺言執行者（民法 1010 条）といいます。

遺言執行者には，未成年者と破産者以外であれば，誰でもなることができます（民法 1009 条）。

遺言執行者は，遺言の内容を実現するため，相続財産の管理その他遺言の執行に必要な一切の行為をする権利義務を有します（民法 1012 条 1 項）。

そして，遺言執行者がある場合には，相続人は相続財産の処分その他遺言の執行を妨害する行為はできません（民法 1013 条 1 項）。

また，遺言執行者には，次の義務が課せられます。

・任務の開始義務（民法 1007 条 1 項）

・遺言内容の相続人への通知義務（民法 1007 条 2 項）

・財産目録の作成・交付義務（民法 1011 条）

・善管注意義務（民法 1012 条 3 項，民法 644 条）

・受取物等の引渡義務（民法 1012 条 3 項，民法 646 条）

・補償義務（民法 1012 条 3 項，民法 647 条）

さらに，遺言執行者は，遺言者が遺言に別段の意思を表示したときを除き，復代理人を選任することができます（民法 1016 条 1 項）。履行補助者を選任することも可能です。

（7）「遺留分減殺請求権」と「遺留分侵害額請求権」

遺留分制度は，残された遺族の生活保障の観点から，遺留分を侵害された兄弟姉妹以外の相続人が，遺贈や贈与を受けた者に対し，遺留分を侵害しないように主張できる制度をいいます。

平成 30 年法律第 72 号による民法の一部改正により遺留分制度の見直しが行われ，遺留分に関する制度の名称が「遺留分減殺請求権」から「遺留分侵害額請求権」に改められました（令和元年 7 月 1 日施行）。

遺留分減殺請求権が，遺留分侵害の限度で遺贈又は贈与を失効させ，受遺者又は受贈者が取得した権利をその限度で自己に帰属させることができる制度に対し，遺留分侵害額請求権は，受遺者又は受贈者に対して，遺留分侵害額に相当する金銭の支払を請求できる権利です。遺留分侵害があったとしても，金銭的な解決を図ればよい取扱いとなったことから，円滑な相続手続を進められるようになりました。

遺留分権利者は，兄弟姉妹以外の相続人とされていますので（民法 1042 条），兄弟姉妹には遺留分はありません。

具体的な遺留分率は，下記のとおりです。

① 相対的遺留分

相対的遺留分とは，遺留分権利者全体に残されるべき遺産全体に対する割合をいいます。

(1) 直系卑属のみが相続人である場合には，遺留分を算定するための財産の価額の 3 分の 1（民法 1042 条 1 項 1 号）。

(2) その他の場合には，遺留分を算定するための財産の価額の 2 分の 1（民法 1042 条 1 項 2 号）

② 個別的遺留分

個別的遺留分とは，遺留分権利者が複数いる場合，上記相対的遺留分の割合に法定相続分を乗じた各遺留分権利者の割合のことをいいます。

3 債務の承継

（1） 免責的債務引受

実務上，相続債務は，相続人全員が負担し続けることは少なく，相続人1名に集中させ，残りの相続人は債務を免れる方向で調整することが一般的です。例えば，住宅ローンやアパートローンは，住宅やアパートを相続した相続人がその全てを負担し，残りの相続人は住宅ローンやアパートローンを負担しないようにする必要性が生じます。

これを実現するのが「免責的債務引受」です。

免責的債務引受がなされると，債務者が債権者に対して負担する債務と同一内容の債務を引受人が負担し，債務者は自己の債務を免れることができます（民法472条1項）。

住宅ローンやアパートローンの例でいえば，住宅やアパートを相続した相続人が引受人となって，他の債務者たる相続人は，自己の債務を免れることができます。免責的債務引受には，次の3つの形態があります。

〈1〉三面契約

債権者，債務者及び引受人の三当事者間の合意に基づく契約

〈2〉債権者と引受人との契約

債権者と引受人との契約によることができますが，この場合には，債権者が債務者に対し，その旨の通知をしたときにその効力が生じます（民法472条2項）。

その趣旨は，債務者が知らないまま履行の準備等をするなど，債務

者が予期せぬ不利益を被らないようにする点にあります。ただし，債務者の同意や承諾までは必要なく，債務者の意思に反する場合であっても有効です。

〈3〉債務者と引受人との契約

債務者と引受人との契約によることができますが，この場合には，債権者が引受人となる者に対して承諾することが要件となります（民法472条3項）。

その趣旨は，債権者の関知しないところで債務者が変更されてしまうと，債務の引当てとなる一般財産にも変更が生じることにより，債権者が予期せぬ不利益を被る事態を避ける点にあります。

なお，債権者の承諾は，黙示でもよく，債権者が引受人に対して請求するなど，債権者としての権限を行使したときには，承諾があったものとみなされます。

① 引受人の抗弁権

引受人は，免責的債務引受により負担した自己の債務について，その効力が生じた時に債務者が主張することができた抗弁をもって債権者に対抗することができます（民法472条の2第1項）。

② 取消権・解除権

債務者が債権者に対して有する取消権・解除権については，引受人には行使する権利はないものの，免責的債務引受がなければ取消権・解除権によって債務者がその債務を免れることができた限度において，債権者に対して債務の履行を拒むことができます（民法472条の2第2項）。

③　引受人の債務者に対する求償権

民法472条の3では，引受人は，債務者に対して求償権を取得しないとしています。

ただし，引受人と債務者との合意・契約により，引受人が債務者に対して債務引受の対価を支払うことをはじめ，求償できる旨の特約を定めることを禁止するものではありません。

④　免責的債務引受による担保権の移転

債権者は，債務者が免責的債務引受により免れる債務の担保として設定された担保権を引受人が負担することになった債務に移すことができます（民法472条の4）。

担保の移転をするためには，次の2つの要件を満たす必要があります。

（ⅰ）　債権者があらかじめ又は同時に引受人に対して意思表示をすること（民法472条の4第2項）

（ⅱ）　引受人以外の第三者が担保権設定者である場合には，当該第三者の承諾があること（民法472条の4第1項但書）

⑤　免責的債務引受による保証債務の移転

債務についての保証債務にも，上記の担保権の移転に関する規定が準用されています（民法472条の4第3項）。

したがって，保証債務を引受人が負担する債務のために移転するためには，保証人による承諾をはじめ，債権者があらかじめ又は同時に引受人に対して意思表示をすることが必要です。

この場合，保証契約は書面でしなければ効力が生じないことから（民法446条2項），保証債務の移転についても，保証人の承諾は書面によって行う必要があります（民法472条の4第4項）。なお，その承諾の意思表示が電磁的記録によってなされた場合には，その承諾は書面によってなされたものとみなされます（民法472条の4第5項）。

（2） 併存的債務引受

「併存的債務引受」とは，債務者の引受人が，債務者と連帯して，債務者が債権者に対して負担する債務と同一内容の債務を負担する契約をいいます(民法470条1項)。債務者の債務と引受人の債務は，連帯債務となります。

相続債務の承継の場面においては，免責的債務引受により相続債務を1人に集中させた後，併存的債務引受を行うことにより数名を連帯債務者にしたいニーズに応えることができます。

そして，併存的債務引受には，次の3つの形態があります。

〈1〉三面契約

債権者，債務者及び引受人の三当事者間の合意に基づく契約

〈2〉債権者と引受人との契約

債権者と引受人との契約によることができます。

免責的債務引受の場合とは異なり，債権者が債務者に対し，その旨の通知する必要はありません。また，債務者の意思に反する場合であっても有効です。

〈3〉債務者と引受人との契約

債務者と引受人との契約によることができますが，この場合には，債権者が引受人となる者に対して承諾することが要件となります（民法470条3項）。

なお，この場合には，第三者（債権者）のためにする契約（民法

537条）としての性質を有することから，第三者のためにする契約に関する規定に従うものとされています（民法470条4項）。よって，債権者が引受人に対して請求その他の債権者としての権利を行使すれば，受益の意思表示をしたことになります（民法537条3項）。

①　引受人の抗弁権

引受人は，併存的債務引受の効力が生じた時に債務者が主張することができた抗弁をもって債権者に対抗することができます（民法471条1項）。

②　取消権・解除権

債務者が債権者に対して有する取消権・解除権については，引受人にはそれらを行使する権利はないものの，引受人は取消権・解除権の行使によって債務者がその債務を免れる限度において，債権者に対して履行を拒むことができます（民法471条2項）。

（3）　債務についての遺産分割

相続債務については，判例上，債務者が死亡し，相続人が数人ある場合に，被相続人の金銭債務その他の可分債務は，法律上当然に分割され，各共同相続人がその相続分に応じてこれを承継するものと解するべきとしています（最判昭和34年6月19日）。

しかし，登記実務の先例では，共同相続人の1人のみが抵当権付債務を引き受けた場合，その引受けが遺産分割によるもので，債権者の同意があるときは，共同相続人全員の相続による抵当権変更の登記を経ることなく，直接当該共同相続人1人の相続による抵当権変更の登記をすることができるとされています（昭和33年5月10日民甲964号通達）。つまり，実務においては，事実上，相続債務の遺産分割を認める取扱いがなされています。

4 相続放棄と限定承認

（1） 相続放棄

相続の放棄とは，被相続人の財産を包括承継する権利を遡及して消滅させることを目的とする意思表示をいいます（民法938条，民法939条参照）。この意思表示は，家庭裁判所に申述することによって行います（民法938条）。

そして，相続放棄がなされると，相続人は相続開始の時に遡って相続人ではなかったものとみなされます（民法939条）。なお，遺産分割協議書や相続分譲渡証書による放棄は，「事実上の相続放棄」であり，本制度の相続放棄とは異なります。

① 活用の場面

被相続人が債務超過の場合に，相続人が不利益を回避することを目的として利用されることが多い制度です。

もっとも，資産家が相続対策のために金融機関から多額の借入れをしている場合において，当該資産家に相続が発生すると，債務の承継手続をはじめ，相続税申告等の各種手続が複雑になります。そのような場合に，配偶者と長男が中心になって相続をし，その他の次男や長女が相続手続から早期に外れたいときにも相続放棄の制度を活用することができます。

② 手続

相続放棄は，自己のために相続の開始があったことを知った時から3か月以内に，家庭裁判所に「相続放棄申述書」を提出して行います（民法

915条1項，938条）。

この「3か月以内」のことを熟慮期間といいますが，利害関係人（相続人を含む）又は検察官の請求によって，家庭裁判所がこれを伸長できることになっています（民法915条1項但書）。

また，「自己のために相続の開始があったことを知った時」とは，被相続人の死亡の事実を知った時に加えて，それによって具体的に自分が相続人となったことを知った時とされています。また，被相続人に相続財産が全く存在しないと信じるにつき相当な理由があれば，相続人が相続財産の全部又は一部の存在を認識した時又は通常これを認識しうべき時が熟慮期間の起算点となります（最判昭和59年4月27日）。

実務上は，債権者からの履行通知請求を受け，はじめて相続債務の存在を知った場合には，その時点から熟慮期間が起算される取扱いとなっています。なお，相続人が複数いる場合には，3か月の期間は，各相続人ごとに進行します（最判昭和51年7月1日）。

【相続放棄の申述】

作成書類	相続放棄申述書
申立時期	自己のために相続の開始があったことを知った時から3か月以内（民法915条1項）
申述人	相続人（民法915条1項，938条）
管轄裁判所	相続が開始した地を管轄する家庭裁判所
申立費用	・収入印紙（800円） ・予納郵便切手（各裁判所の定めるところによる）
	【共通】 ・申述人の戸籍謄本 （※）発行日から3か月以内のもの ・被相続人の死亡の記載のある戸籍謄本等

添付書類等	**【申述人が被相続人の配偶者の場合】** ・被相続人の死亡の記載のある戸籍謄本等 **【申述人が被相続人の子又はその代襲者（第１順位相続人）の場合】** ・被相続人の死亡の記載のある戸籍謄本等 ・申述人が代襲相続人の場合，被代襲者の死亡の記載のある戸籍謄本等 **【申述人が，被相続人の父母・祖父母等（直系尊属）（第２順位相続人）の場合（先順位相続人等から提出済みのものは添付不要）】** ・被相続人の出生から死亡までの連続した戸籍謄本等 ・被相続人の子（及びその代襲者）で死亡している方がいる場合，その子（及びその代襲者）の出生から死亡までの連続した戸籍謄本等 ・被相続人の直系尊属に死亡している者（相続人より下の代の直系尊属に限る）がいる場合，その直系尊属の死亡の記載のある戸籍謄本等 **【申述人が，被相続人の兄弟姉妹及びその代襲者（甥姪）（第３順位相続人）の場合（先順位相続人等から提出済みのものは添付不要）】** ・被相続人の出生から死亡までの連続した戸籍謄本等 ・被相続人の子（及びその代襲者）で死亡している者がいる場合，その子（及びその代襲者）の出生から死亡までの連続した戸籍謄本等 ・被相続人の直系尊属の死亡の記載のある戸籍謄本等 ・申述人が代襲相続人（甥姪）の場合，被代襲者の死亡の記載のある戸籍謄本等 **【死亡時点から３か月を経過し，自己のために相続の開始があったことを知った時から３か月以内の場合】** ・上申書 （※）その他各裁判所の定めるところにより，身分関係についての資料・手続の円滑な進行を図るために必要な資料の提出を求められる場合があります。

③　再転相続

再転相続とは，被相続人Ａの相続について，Ａの相続人Ｂが相続の承認・放棄をしないまま熟慮期間内に死亡し，相続人ＣがＢの相続人となった場合をいいます。この場合における起算点は，「その者の相続人が自己のために相続の開始があったことを知った時」となります（民法916条）。

「その者の相続人が自己のために相続の開始があったことを知った時」とは，相続の承認・放棄をしないで死亡した者（B）の相続人（C）が，当該死亡した者からの相続により，当該死亡した者が承認・放棄をしなかった相続（A）における相続人としての地位を，自己が承継した事実を知った時との判例があります（最判令和元年8月9日）。

そして，A→B→Cと再転相続が生じた場合，Cは次の3つの選択肢があります。

① 被相続人Aの相続，被相続人Bの相続のいずれも承認する。

② 被相続人Aの相続，被相続人Bの相続のいずれも放棄する。

③ Aの相続について放棄するが，Bの相続については承認する。

しかし，Bの相続については放棄して，Aの相続を承認することはできません。BはAの地位を包括承継しており，Bの相続を放棄することにより，Bが有していた選択権も承継しないことになるからです。

④ 相続放棄と相続税

相続放棄は資産家が被相続人となる場合にも活用がなされますが，基礎控除（3,000万円＋600万円×法定相続人の人数）の計算における「法定相続人の人数」は，相続放棄がなかったものとした場合における法定相続人の人数とされています（相続税法15条2項）。したがって，相続放棄によって，相続人の人数が減り，基礎控除額が減ってしまう心配はありません。

また，死亡保険金や死亡退職金は，それぞれ「500万円×法定相続人の人数」までは非課税となっています。この非課税規定は，相続人のみに適用されますので，相続放棄をした者が死亡保険金や死亡退職金を受け取った場合には，非課税規定の適用を受けられず，全額を相続税の課税財産に組み込む必要があります。

(2) 限定承認

限定承認とは，相続によって得た財産の限度においてのみ被相続人の債務及び遺贈を弁済すべきことを留保して相続を承認することをいいます(民法922条)。

① 活用の場面

本来，相続人は相続債務について無限責任を負います。しかし，相続財産が債務超過か否か不明の場合において，限定承認の制度を利用すれば，相続財産を限度に責任を負えばよいことになり（有限責任），清算後に積極財産が残れば，それは相続人が取得できるメリットがあります。

ただし，相続放棄と比べると，手続が複雑なため，実務上はあまり利用されていません。

② 手続

限定承認は，自己のために相続の開始があったことを知った時から3か月以内に，家庭裁判所に「相続の限定承認申述書」を提出して行います(民法924条，民法915条1項)。

しかし，相続放棄の場合とは異なり，限定承認は相続人全員が共同してしなければならず（民法923条)，1人でも単純承認する相続人がいるとできません。なお，限定承認の手続に参加したくない相続人は，相続放棄をし，残りの相続人全員が限定承認を行うことになります。

限定承認の申述後は，限定承認者は，相続債権者や受遺者に公平な分配をするため，公告や管理・清算手続を行う必要があります（民法926条～

935条)。ただし，限定承認者が複数いる時は，家庭裁判所は職権で相続人の中から相続財産管理人を選任し，当該管理人が，管理・清算手続を行います（民法936条1項)。

また，令和3年法律24号の民法改正に伴い，相続財産の保存のために選任される相続財産管理人との区別を明らかにするために，民法936条等の「相続財産の管理人」の名称が「相続財産の清算人」に改められました。

この民法改正については，令和5年4月1日から施行されます。

③ 税務

限定承認に係る相続により財産の移転があった場合，当該財産の中に不動産や株式等の譲渡所得の対象となる財産が含まれていると，被相続人から相続人に時価で譲渡したものとみなされ，被相続人に譲渡所得税が課せられます（所得税法59条)。そして，被相続人の所得税については，相続のあったことを知った日の翌日から4か月以内に準確定申告を行う必要があります。

第5章

相続財産別の各種相続手続

本章では，不動産をはじめ，預貯金・株式・投資信託・自動車等の相続財産について，具体的な相続手続について解説します。

中でも，不動産の相続手続がもっとも難解といわれていますので，不動産登記が解説の中核となります。

1 不動産

（1） 所有権

被相続人の財産に不動産が含まれている場合には，所有権移転登記等を管轄法務局に申請する必要があります。誰が所有権を取得するかは，遺産分割協議や遺言，相続分の譲渡等，様々な原因によります。

所有権の相続登記では，その原因を証明する「登記原因証明情報」（不動産登記法61条）として，いかなる書類を添付するかが重要です。そして，この登記原因証明情報は，不動産の相続手続に限らず，預貯金や株式等の相続手続でも応用できる重要な知識となります。

【登記原因証明情報の代表例】

事例	登記原因証明情報の内容
遺産分割協議を行わず法定相続分で相続する場合	法定相続関係を証明する戸籍一式（被相続人の出生から死亡までの戸籍謄本，相続人の戸籍謄（抄）本等） （※）「法定相続情報一覧図」による代用可
遺産分割協議により相続する場合	①　法定相続関係を証明する戸籍一式 （※）「法定相続情報一覧図」による代用可 ②　遺産分割協議書 ③　相続人全員の印鑑証明書（有効期限なし）(※1)
相続分の譲渡があった場合	①　法定相続関係を証明する戸籍一式 （※）「法定相続情報一覧図」による代用可 ②　相続分譲渡証書 ③　相続分の譲渡人の印鑑証明書（有効期限なし）
一部の相続人が家庭裁判所に相続放棄の申述をした場合	①　法定相続関係を証明する戸籍一式 （※）「法定相続情報一覧図」による代用可 ②　相続放棄申述受理証明書 （※）相続放棄申述受理通知書では不可

	③　遺産分割協議書 ④　相続放棄をした相続人を除く相続人の印鑑証明書（有効期限なし）
欠格事由に該当する相続人がいる場合（891条）	①　法定相続関係を証明する戸籍一式 （※）「法定相続情報一覧図」による代用可 ②　判決謄本（確定証明書付）又は欠格者作成の証明書（印鑑証明書付） ③　遺産分割協議書 ④　欠格事由に該当する相続人以外の印鑑証明書（有効期限なし）(※1)
廃除された相続人がいる場合（民法 892 条）	①　法定相続関係を証明する戸籍一式 （※）「法定相続情報一覧図」による代用可 ②　遺産分割協議書 ③　廃除された相続人以外の印鑑証明書（有効期限なし）(※1) （※）廃除された相続人は戸籍に記載されるため，欠格事由に該当する相続人がいる場合とは異なり，特殊な書類は必要とはなりません。
審判・調停による遺産分割の場合	調停調書，審判書（確定証明書付）
遺言書があった場合	①　被相続人の死亡の記載のある戸籍謄本，その他，必要に応じて相続人等の戸籍等 ②　遺言書(※2)

（※ 1）　登記申請では，必ずしも申請人の印鑑証明書を添付する必要はないが（昭和 30 年 4 月 23 日民事甲 742 号通達），預貯金や株式等の相続手続では相続人全員の印鑑証明書を求められることが多いため，相続人全員の印鑑証明書を整えた方が，その後の手続がスムーズに進みます。

（※ 2）　自筆証書遺言書の場合には，家庭裁判所による検認を経る必要があります（民法 1004 条）。

次から，その原因ごとに登記申請のポイントを解説します。

①　遺産分割協議を行わず法定相続分で相続する場合

共同相続人全員が，共同相続の登記申請を行うのが原則ですが，共同相続人の一部の者が，相続人全員のために保存行為（民法 252 条但書）として相続登記をすることができます。

なお，共同相続人が自己の持分についてのみの申請を行うことはできません（昭和30年10月15日民事甲2216回答）。

登記の目的	所有権移転・何某持分全部移転 （※）被相続人名義で表題登記のみがされている場合には，所有権保存登記。
登記の原因	年月日相続 （※）年月日は，被相続人の死亡日。ただし，失踪宣告の場合は，死亡したとみなされた日。
申請人	相続人（被相続人　○○） ○県○市○町○丁目○番地 ○○ ○県○市○町○丁目○番地 ○○
添付書類	・登記原因証明情報（被相続人の戸籍謄本（被相続人の出生から死亡まで），相続人の戸籍謄（抄）本等） （※）上記戸籍等は法定相続情報一覧図により代用可 ・被相続人の最後の住所の記載がある住民票除票又は戸籍附票 ・相続人全員の住民票の写し等 ・固定資産税評価証明書等
登録免許税	固定資産税評価額の1000分の4（登税別表1一（二）イ）

②　遺産分割協議により相続する場合

共同相続人間で遺産分割協議をした場合には，既に法定相続分での共同相続登記がなされているか否かにより，登記手続が異なります。

(ｉ)　共同相続登記がなされていない場合

遺産分割協議の遡及効（民法909条本文）により，所有権を取得した相続人が単独で「年月日相続」を原因として相続登記を申請することができます。

(ii)　共同相続登記がなされている場合

遺産分割協議の遡及効（民法909条本文）を強調すれば，「錯誤」を原因として共同相続登記を抹消することが考えられますが，遺産分割は，外形上，通常の共有物分割に準じる側面を有していることも否定できません。

そこで，「年月日遺産分割」を原因として，共有持分を失う相続人を登記義務者とする「○，○持分全部移転」を目的とする共同申請が認められています（昭和28年8月10日民甲1392回答）。

③　相続分の譲渡があった場合

相続分の譲渡がなされた場合には，共同相続人間で相続分の譲渡が行われた場合と共同相続人以外の第三者へ相続分の譲渡が行われた場合に分けて考える必要があります。

(i)　共同相続人間で相続分の譲渡が行われた場合

共同相続の登記がなされていない場合には，譲渡後の持分で共同相続の登記を行うことができます。さらに，譲渡後に遺産分割協議も行われた場合には，譲渡後の持分での共同相続登記を省略して，直接，「年月日相続」を原因とする相続登記を行うことができます。

一方で，共同相続の登記がなされている場合には，「年月日相続分の贈与」又は「年月日相続分の売買」を原因として，譲渡人である相続人を登記義務者，譲受人である相続人を登記権利者として持分移転登記を行うことができます。さらに，遺産分割協議も行われている場合には，「年月日相続分の贈与」，「年月日相続分の売買」による登記を省略して，「年月日遺産分割」を原因とする相続登記を行うことができます。

(ii)　共同相続人以外の第三者へ相続分の譲渡が行われた場合

まず，共同相続の登記を行った上で，「年月日相続分の贈与」又は「年月日相続分の売買」を原因として，譲渡人である相続人を登記義務者，譲受人である第三者を登記権利者として持分移転登記を行う必要があります。さらに，遺産分割協議が行われている場合には，争いがありますが，「年月日遺産分割」を原因とする登記を行うことになると解されます。

この場合，被相続人から第三者に対して，直接に相続登記を行うことは許されません。

④　数次相続の場合

数次相続とは，ある人の死亡により相続が開始したが（1 次相続），その遺産分割協議が整わないうちに相続人が死亡してしまい，新たに相続が開始すること（2 次相続）をいいます。

数次相続の場合，1 次相続の相続登記をした後，2 次相続の相続登記を順次行うのが原則です。しかし，下記の要件の下で，例外的に中間の相続を省略することが可能です。

要件 1　最終の相続以外の相続が結果として単独相続となる場合

要件 2　登記原因に数次の相続を併記すること

【数次相続の参考事例】

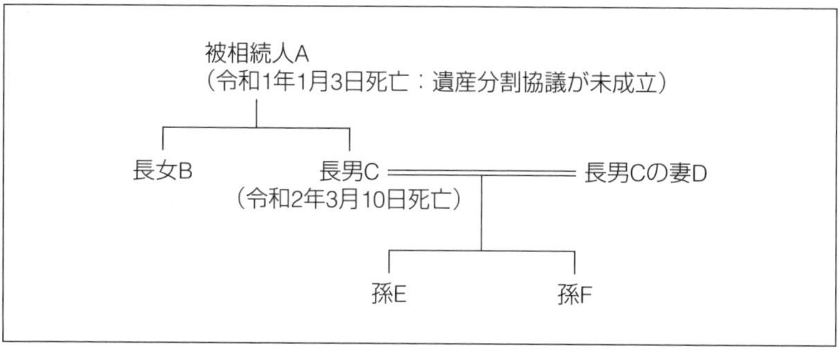

上記の数次相続の事例で，相続人 B，D，E 及び F との間で，「被相続人 A 所有の甲土地は F が相続する」旨の遺産分割協議が成立した場合には，A の相続人 B，C による「甲土地を C が取得する」旨の遺産分割協議と，C の相続人 D，E，F による「被相続人 C 所有の甲土地は F が相続する」旨の遺産分割協議が同時になされたものと解釈することになります。

そして，登記申請書の一部は，次のように表現することになります。

登記の目的	所有権移転，何某持分全部移転
原　　　因	令和1年1月3日C相続 令和2年3月10日相続
相　続　人	（被相続人A）F

⑤　遺言書がある場合

(ⅰ)　遺言が「遺贈」と解釈された場合

遺言が「相続」と解釈された場合には，単独申請となるため，先述した相続登記類似の登記申請を行えばよいことになります。一方で，遺言が「遺贈」と解釈された場合には，共同申請となることから，相続登記とは考え方の異なる手続が必要です。

ただし，不動産登記法が改正されたことにより，相続人に対する遺贈に限り，令和5年4月1日以後に申請する所有権移転登記は，共同申請ではなく，単独申請ができることとされました（不動産登記法63条3項）。また，その際における登録免許税の税率は，相続による所有権移転登記と同様に1000分の4となります。

【遺言の解釈と登記原因】

遺言内容	相続人全員	相続人の一部	相続人以外の者
包括遺贈	相続	遺贈	遺贈
特定遺贈	遺贈	遺贈	遺贈
相続させる旨	相続	相続	遺贈

【登記申請】

登記の目的	所有権移転・何某持分全部移転 （※）遺言者名義で表題登記のみがされている場合には，直接受遺者名義に所有権保存の登記をすることはできない（不動産登記法 32 条）。 よって，遺言者名義の所有権保存登記を経由した上で，遺贈を登記原因とする受遺者名義の所有権移転を申請する。
登記の原因	年月日遺贈 （※）年月日は，遺言者死亡の日。ただし，停止条件付遺贈で遺言者の死亡後に条件が成就した時は，その条件成就の日。 （※）特定遺贈による所有権移転の場合には，農地法の許可が必要になることから，農地法の許可日。
申請人	登記権利者：受遺者 登記義務者：遺言執行者が選任されている場合…遺言執行者 遺言執行者が選任されていない場合…相続人全員
添付書類	・登記原因証明情報（遺言書，遺言者の死亡の記載がある戸籍謄本等） （※）上記戸籍等は法定相続情報一覧図により代用可 ・登記識別情報又は登記済権利証 ・権利者の住民票等 ・固定資産税評価証明書等 ・遺言執行者が選任されておらず，相続人により申請する場合には，一般承継証明情報として戸籍謄本等 ・遺言執行者が選任されている場合には，遺言執行者の代理権限証明情報 遺言で指定した場合…遺言書＋遺言者の死亡の記載のある戸籍謄本等 家庭裁判所が選任した場合…遺言書＋家庭裁判所の選任審判書
登録免許税	固定資産税評価額の 1000 分の 20（登税別表 1 一（二）ハ）

（ii） 遺贈の登記に相続人が協力しない場合

遺贈の登記を申請するにあたり，登記義務者である相続人が協力しない場合には，相続人全員を相手として登記手続への協力を求める訴訟を提起する必要があります。

勝訴した場合には，判決書と確定証明書を添付して，登記申請を行うことになります。

(iii) 遺言者の登記記録上の住所が移転している場合

遺言が遺贈と解釈された場合において，共同申請により遺贈の登記申請を行う場合には，遺言者の死亡時の住所と登記記録上の住所が一致している必要があります。

住所が相違している場合には，原則どおり，登記名義人表示変更の登記申請が必要となります。

この場合における申請人は，遺言執行者が選任されていれば，遺言執行者が行います。遺言執行者が選任されていなければ，相続人全員若しくはそのうちの1名から申請が可能です。また，登記権利者から債権者代位として申請することも可能です（登記研究145・44）。

(iv) 清算型遺贈

「遺言執行者は，不動産を売却してその代金中より負債を支払い，残額を受遺者に遺贈する」旨の遺言書に基づき，遺言執行者が不動産を売却して買主名義に所有権移転登記を申請する場合は，その前提として相続による所有権移転登記を申請する必要があります（昭和45年10月5日民事甲4160号回答，平成4年2月29日民三897号回答）。

具体的には，遺言執行者の単独申請により遺言者名義から相続人名義に相続による所有権移転登記を経由した上で，遺言執行者と買主との共同申請により相続人名義から買主名義への所有権移転登記を申請することになります（昭和52年2月5日民三773号回答）。

(v) 遺贈と相続登記の順番

被相続人名義の不動産について，「全財産の2分の1は相続人Aに相続させ，残りの2分の1はBに遺贈する」旨の遺言書を添付し，Aから所有権の2分の1についての相続を原因とする所有権一部移転登記の申請があった場合には，受理されません（登記研究523号）。被相続人と相続人が，相続を機会に同じ不動産を共有するという公示上の不都合を回避するためといわれています。

この場合には，遺贈による所有権一部移転登記を先に申請し，後件で被相続人の持分全部移転登記を申請することになります。

⑥　遺産分割調停・審判が行われた場合

相続人間で遺産分割協議が成立せず，お互いに争いになってしまった場合には，家庭裁判所で遺産分割調停の手続を行うことができます。

遺産分割調停では，調停委員が中心となって，当事者全員から事情の聴取等をした上で，各当事者の意向を基に助言を行い，解決案を提示し，合意を目指した話し合いが行われます。

それでも，話し合いがまとまらない場合には，遺産分割審判の手続が開始され，裁判官が，遺産に属する物又は権利の種類及び性質その他一切の事情を考慮して，審判をすることになります。なお，調停は成立すれば直ちにその内容が確定するのに対し，審判は審判書が当事者に届いてから，誰も即時抗告をしなければ，審判が確定します。

よって，相続手続において，調停では「調停調書」のみで足りますが，審判については，「審判書」だけでなく「確定証明書」まで必要になります。

⑦　特別縁故者への所有権移転登記（前提としての相続財産法人名義への登記）

裁判所より，特別縁故者に対し「被相続人が所有していた不動産」を与える旨の審判がなされた場合，不動産の登記手続として下記の申請を行うことになります（前提となる知識については，第2章 **2** **(4)**「特別縁故者が行うべき行動」を参照）。

（i） 相続財産法人への登記名義人の氏名及び住所変更

【登記申請（相続財産法人への登記名義人の氏名及び住所変更）】

登記の目的	所有権登記名義人氏名及び住所変更
登記の原因	年月日相続人不存在 （※）年月日は，被相続人の死亡の日。
変更後の事項	○県○市○町○丁目○番 　亡○○相続財産
申請人	○県○市○町○丁目○番 　亡○○相続財産管理人　○○
添付書類	・登記原因証明情報兼代理権限証明情報 　具体的には，「相続財産管理人の選任審判書」となります。この審判書に，相続人不存在によって相続財産管理人を選任する旨及び被相続人の死亡年月日が記載されていない場合には，被相続人の戸籍謄本等を添付する必要があります（昭和39年2月28日民甲422通達）
登録免許税	不動産1個につき金1,000円（登税別表1一（十四））

被相続人が死亡し，相続人のあることが明らかでない場合には，相続財産は法人とされます（民法951条）。所有権の登記名義人が自然人から法人となりますので，本来であれば所有権移転登記を申請すべきところですが，登記実務では，便宜上，所有権登記名義人氏名および住所変更の登記を申請することを認めています（昭和10年1月14日民甲39通達）。

（ii） 相続財産法人から特別縁故者への所有権移転登記

【登記申請（相続財産法人から特別縁故者への所有権移転登記）】

登記の目的	所有権移転
登記の原因	年月日民法第958条の3の審判 （※）年月日は，審判確定の日。
変更後の事項	○県○市○町○丁目○番 　亡○○相続財産

申請人	権利者　○県○市○町○丁目○番 　　　　　　○○　※特別縁故者 義務者　○県○市○町○丁目○番 　　　　　　亡○○相続財産　(※) (※) 特別縁故者が単独で申請することができますが，その場合であっても，義務者として相続財産法人の表示を記載します。
添付書類	・登記原因証明情報（審判書正本及び確定証明書） ・住所証明情報
登録免許税	固定資産税評価額の1000分の20（登税別表1一（二）ハ）

(2) 配偶者居住権

第3章**1**(6) で解説したとおり，配偶者居住権については，登記をすることができます。

例えば，被相続人Aの相続人が配偶者B及び子Cである場合において，A名義の居住建物について子Cが相続し（C名義への相続登記済），Bが配偶者居住権を取得する遺産分割協議を行ったような事例の場合には，以下の登記申請を行うことになります。

①　1件目：子Cの相続による所有権移転登記

登記の目的　所有権移転

原　　　因　年月日相続

相　続　人　（被相続人A）

　　　　　　　○県○市○町○丁目○番地　C

以下省略

②　2件目：配偶者Bのための配偶者居住権設定登記

登記の目的	配偶者居住権設定
原　　　因	年月日遺産分割
存続期間	配偶者居住権者の死亡時まで
特　　約	第三者に居住建物の使用又は収益をさせることができる
権利者	○県○市○町○丁目○番地　B
義務者	○県○市○町○丁目○番地　C
添付情報	省略
課税価格	省略
登録免許税	金○円

配偶者居住権は，遺産分割のほか，遺贈や死因贈与によっても設定することができます。その場合，「年月日遺贈」，「年月日死因贈与」となります。

また，配偶者居住権の存続期間は，配偶者の終身の間とされています。ただし，遺産分割協議若しくは遺言に別段の定めがあるとき，又は，家庭裁判所が遺産分割の審判において別段の定めをしたときは，その定めによります（民法1030条）。存続期間の表現方法は下記のとおりです。

（ⅰ）　存続期間の定めがない場合

「存続期間　配偶者居住権者の死亡時まで」

「存続期間　年月日から配偶者居住権者の死亡時まで」

（ⅱ）　存続期間の定めがある場合

「存続期間　年月日から年月日まで又は配偶者居住権者の死亡時までのうち，いずれか短い期間」

「存続期間　年月日から何年又は配偶者居住権者の死亡時までのうち，いずれか短い期間」

なお，配偶者は，居住建物の所有者の承諾を得なければ，第三者に居住建物の使用又は収益をさせることができませんが（民法 1032 条 3 項），第三者に居住建物の使用又は収益をさせることを許す旨の定めがあるときは，その定めを登記することができます（不動産登記法 81 条の 2 第 2 号）。

配偶者居住権の設定登記の登録免許税は，不動産の価格の 1000 分の 2 となります（登録免許税法別表第 1 一（三の二））

（3） 抵当権

① 抵当権の定義・趣旨

抵当権とは，債権者が，債権の担保として債務者又は第三者から占有を移転しないで提供を受けた不動産，地上権，永小作権につき，他の債権者に先立って自己の債権の弁済を受けることのできる権利をいいます。

抵当権の性質として，付従性，随伴性，不可分性，物上代位性，優先弁済的効力を有します。

付従性	被担保債権の消滅によって抵当権も同時に消滅すること
随伴性	被担保債権の譲渡とともに抵当権も移転すること
不可分性	被担保債権の全部の弁済があるまでは，抵当権の効力は抵当目的物の全部に及ぶこと
物上代位性	抵当目的物の売却，賃貸，滅失又は損傷によって抵当権設定者が受け取るべき金銭その他の物（火災保険金など）に対しても行使することができること
優先弁済的効力	売却代金から他の一般債権者に優先して被担保債権の弁済を受けることができること

② 債務者の相続による抵当権変更の登記（免責的債務引受を行う場合）

例えば，抵当債務者 B が死亡し，B の共同相続人 CD が B の債務を承継した後，債権者 A と共同相続人 CD との間で C が D の債務を免責的に引き受けることになった場合，次の登記申請が必要となります（相続による所有権移転登記はC名義で完了済）。

（ｉ） 1件目：債務の共同相続による変更登記

登記の目的　：○番抵当権変更

原　　　因　：年月日相続

変更後の事項：債務者　○市○町○丁目○番地　B

　　　　　　　　　　　○市○町○丁目○番地　C

権　利　者　：　　　　○市○町○丁目○番地　A

義　務　者　：　　　　○市○町○丁目○番地　C

添 付 書 面　：省略

登録免許税　：不動産1個につき金1,000円

（ii） 2件目：免責的債務引受による変更登記

登記の目的　：○番抵当権変更

原　　　因　：年月日Bの債務引受　※

変更後の事項：債務者　○市○町○丁目○番地　C

権　利　者　：　　　　○市○町○丁目○番地　A

義　務　者　：　　　　○市○町○丁目○番地　C

添 付 書 面　：省略

登録免許税　：不動産1個につき金1,000円

免責的債務引受による変更登記は，下記の3つの契約形態があり，それぞれの要件を満たす必要があります。

〈1〉債権者・債務者・引受人の三当事者間の合意に基づく契約

㋐債権者・債務者・引受人との合意に基づく契約

㋑債権者が債務引受よりも前又は同時に引受人に対して，担保権移転についての意思表示をすること（民法 472 条の 4 第 2 項）
㋒担保権設定者が引受人以外の第三者である場合には，当該第三者の承諾があったこと（民法 472 条の 4 第 1 項但書）

〈2〉債権者と引受人との契約

㋐債権者と引受人との契約（民法 472 条 2 項）
㋑債権者による旧債務者への通知（民法 472 条 2 項）
㋒債権者が債務引受よりも前又は同時に引受人に対して，担保権移転についての意思表示をすること（民法 472 条の 4 第 2 項）
㋓担保権設定者が引受人以外の第三者である場合には，当該第三者の承諾があったこと（民法 472 条の 4 第 1 項但書）

〈3〉債務者と引受人との契約

㋐債務者と引受人との契約（民法 472 条 3 項）
㋑債権者の承諾（民法 472 条 3 項）
㋒債権者が債務引受よりも前又は同時に引受人に対して，担保権移転についての意思表示をすること（民法 472 条の 4 第 2 項）
㋓担保権設定者が引受人以外の第三者である場合には，当該第三者の承諾があったこと（民法 472 条の 4 第 1 項但書）

なお，明文はないものの，担保権の設定者が引受人以外の第三者である場合の当該第三者の承諾は，担保権の付従性との抵触を回避する観点から，免責的債務引受の効力発生以前にする必要があると解されます。

よって，当該変更登記の登記原因の日付は，次のとおりとなります。

・三当事者間の契約…契約日

・債権者と引受人との契約…債権者による通知が債務者に到達した日
・債務者と引受人との契約…債権者の承諾の通知が引受人に到達した日

③ 債務者の相続による抵当権変更の登記（債務の遺産分割協議を行う場合）

第4章 **3**（3）で解説したとおり，登記実務においては，債権者の同意を条件に，相続債務の遺産分割協議が認められています。

この場合には，共同相続人全員の「債務の共同相続による抵当権の変更登記」を行うことなく，直接に「引受相続人に債務者を変更する登記申請」を行うことができます。

例えば，抵当債務者Bが死亡し，Bの共同相続人CDとの間で，CがBの債務の一切を相続する旨の遺産分割協議を行い，債権者Aが同意した場合には，次の登記申請が可能となります（相続による所有権移転登記はC名義で完了済）。

債務の共同相続による変更登記

登記の目的	○番抵当権変更	
原　　因	年月日相続	
変更後の事項	債務者	○市○町○丁目○番地　C
権　利　者		○市○町○丁目○番地　A
義　務　者		○市○町○丁目○番地　C
添 付 書 面	省略	
登録免許税	不動産1個につき金1,000円	

④　連帯債務者のうちの１人の相続による抵当権変更の登記（免責的債務引受を行う場合）

例えば，連帯債務者BCのうち，Cが死亡し，Cの共同相続人BDがCの連帯債務を承継した後，債権者Aと共同相続人BDとの間でBがDの債務を免責的に引き受けることになった場合（相続による所有権移転登記はB名義で完了済）は以下の登記申請を行います。

(ⅰ)　1件目：連帯債務の共同相続による変更登記

登記の目的	：○番抵当権変更		
原　　　因	：年月日連帯債務者Cの相続		
変更後の事項	：債務者	○市○町○丁目○番地	B
		○市○町○丁目○番地	D
権　利　者	：	○市○町○丁目○番地	A
義　務　者	：	○市○町○丁目○番地	B
添付書面	：省略		
登録免許税	：不動産1個につき金1,000円		

(ⅱ)　2件目：連帯債務の免責的債務引受による変更登記

登記の目的	：○番抵当権変更		
原　　　因	：年月日連帯債務者Dの債務引受		
変更後の事項	：連帯債務者	○市○町○丁目○番地	B
権　利　者	：	○市○町○丁目○番地	A
義　務　者	：	○市○町○丁目○番地	B
添付書面	：省略		
登録免許税	：不動産1個につき金1,000円		

このケースでは，免責的債務引受の結果，Bしか債務者がいないのだか

ら，2件目の変更登記における変更後の事項は，「連帯債務者B」ではなく「債務者B」との表現が妥当ではないかという考え方もあります。

しかし，Bの元々の連帯債務には何ら影響が及ぶわけではなく，元から連帯債務者であったBの債務と，連帯債務者Cから相続した債務は併存しているので，あくまでも変更後の事項は，「連帯債務者B」となります。

なお，この場合においても，債権者の同意を得て，遺産分割協議によって連帯債務を引き受けた場合には，直接連帯債務者Bに債務者の変更登記を行うことが可能です。

⑤　団体信用生命保険に加入している場合

住宅ローンを組んでいる被相続人が，団体信用生命保険に加入していた場合には，保険会社から保険金が支払われて，住宅ローンは完済されますので，ローン債務の承継手続は不要になります。

この団体信用生命保険は，金融機関が契約者・受取人であり，被相続人が被保険者となる契約です。よって，相続人が金融機関に被相続人の死亡を知らせ，それを証明する書類を提出すると，金融機関が保険会社に保険請求をし，直接保険金を受け取ることになります。

その後は，相続人名義への相続登記を行った後，金融機関が設定した抵当権・根抵当権の抹消登記を申請することになります。

（4）　根抵当権

①　根抵当権の定義・趣旨

根抵当権とは，抵当権の一種であり，根抵当権者と債務者との間に生じる一定の範囲に属する不特定の債権を極度額の限度において担保するものをいいます。

継続的に取引をしている当事者間では，その都度抵当権を設定するのは煩雑であることから，一定の範囲に属する不特定の債権を極度額の限度で担保するために認められたのが，根抵当権制度です。

② 根抵当権の性質

(ⅰ) 付従性否定（民法398条の2）

元本確定前においては，根抵当権の被担保債権は，一定の範囲に属する不特定の債権です。

よって，元本確定前の根抵当権は，極度額に達するまで，一定の範囲に属する不特定の債権（被担保債権）を担保することになりますので，被担保債権に属する特定の債権の全部が弁済により消滅しても，根抵当権そのものは消滅しません。

(ⅱ) 随伴性の否定（398条の7）

元本確定前においては，被担保債権に属する特定の債権が他に譲渡されたとしても，債権の譲受人は根抵当権を取得することはできません。

(ⅲ) 元本の確定

元本の確定とは，根抵当権の被担保債権が元本債権に関してその流動性を喪失して，元本債権と根抵当権との特定的結びつきが生じることで，それ以後に発生する元本債権は当該根抵当権によって担保されなくなる状態が生じることをいいます。

【確定時に担保される債権の具体例】

〈例1〉確定時に現存する債権

元本確定時に現存している元本債権及び元本について既に生じている利息・遅延損害金等は，極度額を限度として担保されます。担保されるべき債権は，元本の確定時に存在していれば足り，履行期限が到来していなくても問題ありません。

〈例 2〉確定時の元本債権の付随債権

元本確定時に現存している元本債権についての元本確定後に生ずる利息・遅延損害金等は，極度額を限度として担保されます。

〈例 3〉確定時に発生原因の存する将来の債権

確定時においてはいまだ具体的には発生していない債権であっても，将来発生する法律上の可能性のある発生原因が，確定時において既に存している場合には，その債権が具体的に発生すれば，根抵当権によって担保されると解されています。

例えば，保証人の求償権が被担保債権の範囲に含まれる根抵当権について，保証債務の履行前に根抵当権の元本が確定した場合であっても，保証契約が元本確定前に締結されていた場合には，保証債務は元本確定時において将来発生するものとして特定できますので，確定した元本に含まれます。

そして，元本が確定すると，利息等につき 375 条（抵当権の被担保債権の範囲）の制限が排除される点，すなわち，極度額による限度担保性が維持される点を除き，普通抵当権と同じ性質を有するようになります（付従性・随伴性の回復）。

ただし，根抵当権の特殊性から，398 条の 21（極度額の減額請求），398 条の 22（根抵当権の消滅請求）が認められます。

なお，根抵当権の債務者が複数の場合（共用根抵当）で，そのうちの 1 人について元本の確定事由が生じても，根抵当権の元本は確定しません（登記研究 515 号）。

③　根抵当権の元本確定の判断方法

根抵当権は元本の確定前後で法的性質が大きく異なり，登記手続にも多大な影響があります。よって，まずは，元本が確定しているか否かを判断する必要があります。判断方法は以下のとおりです。

（i）　共同担保目録があるか否かをチェックする

共同根抵当権（同一の債権を担保するために数個の不動産に設定され，かつ，設定と同時に共同担保の定めを登記したものであり，民法392条及び民法393条の適用があるもの）は，1個の不動産についてのみ元本確定事由が生じた場合でも，全ての不動産について元本が確定することから（398条の17第2項），最初に着目した不動産の登記事項から共同担保目録があるか否かを確認し，共同担保目録に記載されているその他の不動産のすべてを確認する必要があります。

（ii）　登記記録上元本確定が明らかか否かを不動産ごとにチェックする

確定事由	確定の時	確定が明白となる登記記録上の記載
登記された確定期日の到来（民法398条の6）	確定期日の午前0時（※1）	登記記録に記載された確定期日
相続による変更又は移転登記がされており，相続開始から6か月以内に合意の登記がない場合（民法398条の8Ⅳ）（※2）	相続開始の時	相続による登記の原因日付の記載
根抵当権者が抵当不動産につき競売・担保不動産収益執行による差押えを申し立てたとき（民法398条の20Ⅰ①）	申立ての時	差押登記の登記名義人である「債権者」が根抵当権者と同一
根抵当権の目的不動産に関して根抵当権者の滞納処分による差押えの登記がなされている場合（民法398条の20Ⅰ②）	差押えの時 （※）税金関連は申立てなし	差押登記の登記名義人である「債権者」が根抵当権者と同一

自然人設定者に破産手続開始決定があったとき（民法 398 条の 20 Ⅰ④，不動産登記法 93 条本文）	開始決定の時	根抵当権の目的たる不動産の登記記録に破産手続開始決定の登記がなされている

（※ 1） 確定期日の定めをした場合でも，その旨の登記がなされていないときは，元本が確定していることが登記記録上明らかでないので，元本確定の登記をする必要があります。

（※ 2） 合意の登記のみならず，その前提である相続による登記が，相続開始後 6 か月以内になされなかった場合は，元本確定後においてのみ許される登記申請をする前提として，元本確定登記ではなく，相続による移転又は変更登記を申請する必要があります。相続による登記がなされることで，登記記録上元本確定は明らかとなるからです。

（ⅲ） 登記記録上元本確定が明らかでない場合

事実関係に着目し元本の確定の有無をチェックします。

確定事由	確定の時	確定が明白となる登記記録上の記載
根抵当権者自身による物上代位による差押え（398 条の 20 Ⅰ①）	申立ての時	なし
設定者の元本確定請求（民法 398 条の 19 Ⅰ，398 条の 9 Ⅲ，398 条の 10 Ⅲ）	・確定請求から 2 週間経過の時 ・合併の効力発生時 ・会社分割の効力発生時	なし
根抵当権者による元本確定請求（民法 398 条の 19 Ⅱ，不登法 93 条本文）	確定請求の時	なし
根抵当権者が抵当不動産に対する第三者の差押があったことを知った時から 2 週間を経過した時（民法 398 条の 20 Ⅰ③，不動産登記法 93 条但書）	知った時から 2 週間経過の時	なし
債務者及び法人設定者に破産開始決定があったとき（398 条の 20 Ⅰ④，不登法 93 条但書）	開始決定の時	なし

（※）担保不動産の収益執行がない点に注意が必要です。

また，強制「管理」は元本確定事由ではありません。なお，根抵当権者・根抵当権者の債務者に相続があった場合には，元本が確定しているとも，していないともいえない浮動状態にあるため，元本確定前にのみ許される法律行為はできません。

④　根抵当権の登記手続

根抵当権の相続手続においては，根抵当権者に相続があった場合と根抵当権の債務者に相続があった場合があります。実務上は，根抵当権者が金融機関で，債務者に相続があった場合が圧倒的に多いのが実情です。

よって，以下では，根抵当権の債務者に相続があった場合に的を絞って解説します。

（i）　元本確定前の根抵当権の債務者に相続があり，元本を確定させたくない場合

元本確定前の根抵当権の債務者に相続があった場合において，相続の開始より6か月が経過した場合には，この根抵当権の担保すべき元本は，相続の開始時に確定したものとみなされます（民法398条の8第4項）。

しかし，相続開始後6か月以内に根抵当権者と根抵当権設定者との間で合意により指定債務者を定め，相続による債務者の変更登記及び指定債務者の合意の登記をすることによって，元本が確定するのを防ぐことができます（民法398条の8第4項，不動産登記法92条）。

そうすることによって，当該根抵当権は，「相続開始時に存在する死亡した債務者の債務」と「根抵当権者と設定者との合意により定めた相続人が相続の開始後に根抵当権者に対して負担する債務」を担保することが可能になります（民法398条の8第2項）。

なお，債務者の相続人が1人であっても，元本を確定させないためには，指定債務者の合意の登記が必要です。合意の登記には，相続債務者が引き

続き，根抵当権を利用することを設定者が認めるという側面を有しているからです（民法398条の8第2項，第4項，登記研究369・81）。

《6か月の計算方法》

債務者が5月1日に死亡した場合は，その翌日の5月2日を起算日とし，その起算日の6か月後の応当日である11月2日の前日（11月1日）の終了をもって6か月の期間が満了することになります（民法140条）。よって，11月1日までに指定債務者の合意の登記を申請する必要があります。

例えば，根抵当権の元本の確定前に債務者Aに相続が発生し，その相続人がB及びCである場合において，Bが不動産を相続した後（相続登記済），根抵当権者と根抵当権設定者Bとの間でBを指定債務者とする合意をした場合，以下の登記申請を行います。

【1件目：債務者の相続による根抵当権の変更登記】

登記の目的	○番根抵当権変更
原　　因	年月日相続
変更後の事項	債務者（被相続人A）
	○県○市○丁目○番地　B
	○県○市○丁目○番地　C
以下省略	

【2件目：債務の共同相続による変更登記】

登記の目的	○番根抵当権変更
原　　　因	年月日合意
指定債務者	○県○市○丁目○番地　B
以下省略	

指定債務者とは，相続開始後に当該根抵当権を確定させることなく，引き続き当該根抵当権を利用する者として合意により定められた相続人をいいます。

ここで注意すべきことは，指定債務者の合意の登記をしたからといって，当該根抵当権の債務者が指定債務者に変更されたわけではない点にあります。つまり，指定債務者の合意は，債務者を変更するためのものではなく，あくまでも相続開始後に根抵当権を引き続き利用する者を定めているに過ぎません。

したがって，当該根抵当権の債務者は，依然として「元の債務者」，「元の債務者の相続人」，「指定債務者」となります。

(ii) 元本確定前の根抵当権の債務者に相続があり，元本確定を防ぐための「相続による債務者の変更登記」及び「指定債務者の合意の登記」を行った後（又は同時）に相続人の1人が免責的債務引受をした場合，その引受債務を担保させたい場合

例えば，根抵当権の元本の確定前に債務者Aに相続が発生し，その相続人がB及びCである場合において，Bが不動産を相続した後（相続登記済），「債務者の相続による債務者の変更登記」及び「指定債務者Bの合意の登記」が完了しました。その後，BがCの相続債務について免責的債務引受をしたときには以下の登記申請を行います。

【債務者及び債権の範囲の変更登記】

登記の目的	◯番根抵当権変更
原　　　因	年月日変更
変更後の事項	銀行取引　手形債権　小切手債権　電子記録債権 年月日債務引受（旧債務者C）にかかる債権 年月日相続によるBの相続債務のうち変更前根抵当権の被担保債権の範囲に属するものにかかる債権
債　務　者	◯県◯市◯町◯丁目◯番地　B
以下省略	

債務引受があった場合，引き受けた債務は根抵当権の被担保債権の範囲から外れることになります。そのため，この債務を根抵当権で担保するためには，債権の範囲に追加する変更登記が必要になり，その表現方法が「年月日債務引受（旧債務者C）にかかる債権」となります。

また，本事例において，債務者をBに変更するということは，従前の債務者「A，相続人BC，指定債務者B」を債務者「B」に変更することを意味します。その結果，当該根抵当権は債務者「B」と根抵当権者との根抵当取引で発生した債務を担保することになり，BがAから承継した相続債務は，Bが根抵当権者との根抵当取引で発生させた債務ではないことから，当該根抵当権の被担保債権の範囲から外れることになります。

よって，Bが承継した相続債務についても，債権の範囲に追加する変更登記が必要になり，その表現方法が「年月日相続によるBの相続債務のうち変更前根抵当権の被担保債権の範囲に属するものにかかる債権」となります。

(iii) 元本確定前の根抵当権の債務者に相続が発生し，元本確定後に相続人の債務を免責的に引き受けた場合

例えば，元本確定前の根抵当権の債務者Aに相続が発生し，その相続人がBCである場合において，指定債務者の合意をすることなく6か月が経過して元本が確定した後に，BがCの相続債務について免責的債務引受をした場合はどうなるでしょうか。

元本確定前の根抵当権の債務者に相続が発生した後，元本確定を防ぐための「相続による債務者の変更登記」及び「指定債務者の合意の登記」を行わず，相続開始から6ヶ月が経過した場合には，根抵当権の担保すべき元本は，相続開始時に確定したものとみなされます（民法398条の8第4項）。

元本が確定すると，根抵当権の被担保債権が元本債権に関して流動性を失い，付従性・随伴性が復活し，普通抵当権とほぼ同様の取扱いとなります。したがって，本事例においては，「相続による債務者の変更登記」及び「免責的債務引受による根抵当権の変更登記」を行う必要があります。

なお，元本確定の有無は，登記記録上から明らかとなるため，必ずしも元本確定の登記をする必要はありません。

【1件目：債務者の相続による根抵当権の変更登記】

登記の目的	○番根抵当権変更
原　　因	年月日相続
変更後の事項	債務者（被相続人A）
	○県○市○丁目○番地　B
	○県○市○丁目○番地　C
以下省略	

【2件目：免責的債務引受による根抵当権の変更登記】

登記の目的	○番根抵当権変更
原　　　因	年月日Cの債務引受
変更後の事項	債務者
	○県○市○町○丁目○番地　B
以下省略	

(5) 未登記建物変更届

法務局で登記されていない建物（未登記建物）を相続した相続人は，「未登記建物変更届（納税義務者変更届）」等を各市区町村に届け出る必要があります。土地・建物の相続登記が完了すると，法務局から各市区町村に対して所有者の名義が変更された旨が通知されるため，固定資産税・都市計画税の納税義務者も当然に変更される取扱いとなっています。

しかし，未登記建物に関しては，各市区町村に対して直接未登記建物変更届等を届け出なければ，未登記建物の所有者（納税義務者）が変更されないことになっています。

(6) 農地・採草放牧地の「遺贈」・「相続」

農地（田・畑）や採草放牧地を取得した場合には，農地法に基づく許可が必要となるのが原則です（農地法3条本文)。具体的には，相続人以外の者が遺贈により農地や採草放牧地を取得した場合には，農地法3条の許可が必要となります。

この場合，農地や採草放牧地を取得した者が，農地や採草放牧地として効率的に利用できるか否か等が審査基準となり，許可を受けるための基準のハードルが高いので注意が必要です。

もっとも，相続は被相続人の死亡という事実から生じる法律上当然の効果であって，法律行為によって生じたものではありませんから，相続を原因とする取得の場合には，許可を得る必要はありません（農地法3条1項12号）。また，「包括遺贈」を受けた場合には，相続に類似する財産の承継ですので，農地法に基づく許可は必要ありません（平成24年12月14日民二3286通達）。

さらに，相続人が「特定遺贈」によって農地を取得した場合も，実質的に相続と変わらないことから，農地法に基づく許可は必要ないとされています。

ただし，農地法に基づく許可が必要ない場合であっても，農地につき誰が権利を取得したのかを農業委員会で把握する必要があることから，農地や採草放牧地のある市区町村の農業委員会へ遅滞なく届出をしなければなりません（農地法3条の3）。

（7） 森林法

平成23年4月の森林法改正により，平成24年4月以降，森林の土地の所有者となった者は市区町村長への事後届出が必要になりました。地域森林計画の対象となっている森林の土地が，届出の対象となります。

地域森林計画対象森林に該当するかどうかは，当該土地の存する都道府県か市区町村の林務担当部局で確認することができますが，実務上，ほとんどの民有林が届出の対象になるといわれています。面積の基準はないため，所得した面積が小さくても届出が必要です。

なお，届出の時期は，所有権を取得した日から90日以内に届け出る必要があります。

2 預貯金

（1） 預貯金債権の性質と名義変更・払戻手続・解約手続

平成28年・平成29年最高裁判例により，金融機関に対する預貯金債権については，当然に分割承継されることはなく，遺産分割協議の対象とされました。したがって，被相続人の預金口座の名義変更・払戻手続・解約手続は，次の場合に分類することができます。

(1) 預貯金の相続に関する遺言書がある場合（下記①で解説）
(2) 遺産分割協議書が作成されている場合
(3) 遺産分割の調停調書がある場合
(4) 遺産分割の審判が確定している場合
(5) 遺産分割協議書はないが，法定相続人全員の合意がある場合（下記②で解説）

① 遺言書がある場合の手続

遺言執行者がいない場合には，金融機関所定の「相続手続依頼書」に受遺者が署名・押印をし，預貯金の名義変更・払戻手続・解約手続をすることになります。

一方で，遺言執行者がいる場合には，遺言執行者は，遺言の内容を実現するため，相続財産の管理その他遺言の執行に必要な一切の行為をする権利義務を有することから（民法1012条1項），遺言執行者が署名・押印をし，預貯金の名義変更・払戻手続・解約手続をすることになります。

ただし，特定の相続人に預貯金債権を相続させる旨の特定財産承継遺言（いわゆる相続させる旨の遺言）がされた場合においては（民法1014条2

項)，その預貯金債権の全部が特定財産承継遺言の目的となっていなければ，遺言執行者が解約手続まで行うことはできません（民法1014条3項但書)。

②　相続人の一部からの払戻手続

金融機関における預貯金残高が少なく，相続人の一部からの払戻手続に応じても金融機関にとってのリスクが低い場合には，実務上，相続人全員の同意を得ることなく払戻手続等が認められることがあります。この場合には，「他の相続人との紛争が生じても金融機関には一切の迷惑をかけない」等の誓約文付きの相続手続依頼書による払戻手続等が行われることになります。

【預貯金の払戻手続等で原則として必要となる書類】

相続方法	手続を行う人	必要書類
遺言書あり （遺言執行者なし）	受遺者	・相続手続依頼書 ・遺言書又は遺言書情報証明書（法務局に保管されていない自筆証書遺言書の場合には家庭裁判所で検認済であることが必要） ・被相続人の除籍謄本（ただし，金融機関によっては出生から死亡までを求められる場合あり）(※1) ・必要に応じて，相続人の戸籍(※1) ・受遺者の印鑑証明書(※2)
遺言書あり （遺言執行者あり）	遺言執行者又は受遺者	・相続手続依頼書 ・遺言書又は遺言書情報証明書（法務局に保管されていない自筆証書遺言書の場合には家庭裁判所で検認済であることが必要） ・被相続人の除籍謄本（ただし，金融機関によっては出生から死亡までを求められる場合あり）(※1) ・必要に応じて，相続人の戸籍(※1)

		・遺言執行者が家庭裁判所で選任された場合には，選任審判書 ・遺言執行者又は受遺者の印鑑証明書(※2)
遺産分割協議書がある場合	分割協議書により，預貯金を相続した相続人	・相続手続依頼書 ・遺産分割協議書 ・被相続人の出生から死亡までの戸籍謄本等(※1) ・必要に応じて，相続人の戸籍(※1) ・相続人全員の印鑑証明書(※2)
遺産分割の調停調書がある場合	調停調書により，預貯金を相続した相続人	・相続手続依頼書 ・家庭裁判所の調停調書 ・預貯金を相続した相続人の印鑑証明書(※2)
遺産分割の審判が確定している場合	審判書により，預貯金を相続した相続人	・相続手続依頼書 ・家庭裁判所の審判書及び確定証明書 ・預貯金を相続した相続人の印鑑証明書(※2)
遺産分割協議書はないが，法定相続人全員の合意がある場合	相続人全員	・相続手続依頼書 ・被相続人の出生から死亡までの戸籍謄本等(※1) ・必要に応じて相続人の戸籍(※1) ・相続人全員の印鑑証明書(※2)

（※ 1）　戸籍は，法定相続情報一覧図により代用可

（※ 2）　実際に手続を行う者の印鑑証明書については，発行日から 6 か月（金融機関によっては 3 か月）以内であることが必要

【預貯金の払戻手続等で相続人の特殊事情による追加書類等】

家庭裁判所に相続放棄の申述を行った相続人がいる場合	・相続放棄の申述を行った相続人の相続放棄申述受理証明書
相続分を譲渡した相続人がいる場合	・相続分を譲渡した相続人の相続分譲渡証書 ・相続分を譲渡した相続人の印鑑証明書
相続欠格者がいる場合	・判決謄本（確定証明書付）又は欠格者作成の証明書（印鑑証明書付）
廃除された相続人がいる場合	・廃除の事実が記載された相続人の戸籍

相続人に未成年者がいる場合	**【親権者と利益相反にならない場合】** ・親権者の戸籍 ・親権者の印鑑証明書 **【親権者と利益相反になる場合】** ・家庭裁判所発行の特別代理人選任審判書 ・特別代理人の印鑑証明書 **【未成年後見人がいる場合】** ・未成年者の戸籍 ・未成年後見人の印鑑証明書
相続人に成年被後見人がいる場合	**【成年後見人と利益相反にならない場合】** ・成年後見人の登記事項証明書又は家庭裁判所発行の成年後見人の選任審判書（確定証明書付） ・成年後見人の印鑑証明書 **【成年後見人と利益相反になる場合】** ・家庭裁判所発行の特別代理人の選任審判書 ・特別代理人の印鑑証明書
行方不明の相続人のために不在者財産管理人が選任されており，遺産分割協議が行われた場合	・家庭裁判所発行の不在者財産管理人の選任審判書 ・家庭裁判所発行の不在者財産管理人の権限外行為許可の審判書 ・不在者財産管理人の印鑑証明書

（２） 遺産分割前における預貯金の払戻し制度

遺産分割協議が成立する前であっても，各相続人の必要生計費・葬儀費用等の支払いへの需要に対応するため，一定額の範囲内において，相続人が単独で預貯金の払戻しを認める制度が，令和元年７月１日から施行されました（民法 909 条の 2)。

相続開始時の預貯金債権の額 × 1/3

× 払戻請求をする相続人の法定相続分

（※）1つの金融機関から払戻しが受けられるのは，150万円までです。

（※）金融機関ごとに上記計算式を適用します。

①　具体的事例

被相続人が，A銀行に普通預金900万円・定期預金600万円，B農協に普通貯金660万円を残して死亡しました。相続人は，配偶者と子供2名です。

(i)　A銀行

配偶者（法定相続分2分の1）が払戻しを受けられる額は，「(普通預金900万円＋定期預金600万円)×1/3×1/2＝250万円」のうち，1つの金融機関の上限額である150万円となります。

そして，普通預金からの払戻しの上限額は，900万円×1/3×1/2＝150万円，定期預金からの払戻しの上限額は，600万円×1/3×1/2＝100万円となります。

いずれの種類の預金からいくらの払戻しを受けるかは，相続人の判断に委ねられていると考えられています。

(ii)　B農協

配偶者（法定相続分2分の1）が払戻しを受けられる額は，「普通貯金660万円×1/3×1/2＝110万円」となります。

A銀行の払戻しとは別に払い戻すことができます。

②　払戻しの効果

遺産分割前に相続人が単独で払戻しを受けた場合には，その相続人は，遺産の一部の分割により取得したものとみなされます。

③　必要となる戸籍と実務

遺産分割前に相続人が単独で払戻しを受けるために必要となる戸籍としては，法定相続人を確定できる戸籍謄本等が必要です。つまり，被相続人の出生から死亡までの戸籍謄本等をはじめ，相続人全員の戸籍が必要になります。これは，不動産の名義変更と同等のレベルでの戸籍が求められることを意味しているため，本制度は積極的には利用されていないのが実情です。

3 株式・投資信託

株式・投資信託は，預貯金と同様に相続人間での準共有状態となります（民法898条，264条）。したがって，相続手続で必要となる各種書類は，預貯金とほぼ同様に考えて差し支えありません。

もっとも，預貯金とは異なる部分もありますので，以下では特徴的な部分について解説します。

（1） 未上場会社の株式（未公開株式）

未上場会社の株式の相続手続は，当該会社に対して「株主名簿の名義書換請求」を行う必要があります（会社法133条）。

一方で，未上場会社が株主名簿管理人（会社法123条）を置いている場合には，株主名簿管理人に対して株主名簿の名義書換請求をする必要があります。

なお，相続人が新規に株主となる場合には，株主名簿の書換請求の際に，株主票や配当金振込指定書も提出することになります。また，未上場会社が株券発行会社である場合には，株券の裏面に相続人の氏名を記載して株券を提出する必要があります。

（2） 上場株式・投資信託

上場株式・投資信託の相続手続は，証券会社や銀行に対して「株式移管依頼書」等を提出して行うことになります。なお，預貯金の相続手続とは異なり，相続人が証券会社や銀行において，上場株式・投資信託専用の口座を持っていない場合には，新たに口座を開設し，その口座へ上場株式・

投資信託を移管してもらう必要があります。

もっとも，被相続人が証券会社や銀行との間で株式の取引がなかったにもかかわらず，上場株式の配当金を受領している事例があります。これは，平成 21 年 1 月 5 日，株式等の取引に係る決済の合理化を図るための社債等の振替に関する法律等の一部を改正する法律（決済合理化法）の施行により，株券の電子化が行われ，上場会社の株券等が無効になったことと関係していることがほとんどです。

というのは，決済合理化法の施行日以降は，上場会社の株式の所有者情報（株式の氏名，住所，保管株式数等）は，証券会社等が管理する振替口座簿によって行われており，その時までに証券会社へ預けられていなかった株式は，株券を発行していた会社が信託銀行等に開設した「特別口座」で管理されているからです。

したがって，その場合には，信託銀行等の証券代行部に対して口座振替申請書等を提出し，相続人が証券会社等で開設した口座へ移管してもらう必要があります。

なお，被相続人が，平成 21 年 1 月 4 日以前（株券電子化前）に亡くなっている場合には，相続人が信託銀行等において特別口座を開設し，その特別口座へ株式を移管してもらい，さらに，相続人が証券会社等で開設した口座へ移管する流れになります。

4 自動車

自動車は，相続人の共有財産となります。そして，普通自動車は，新使用者の住所を管轄する運輸支局で手続を行い，軽自動車は，新使用者の住所を管轄する軽自動車検査協会で手続を行う必要があります。

（1） 普通自動車の相続手続で必要な書類

① 申請書

② 手数料納付書（500円の検査登録印紙を貼付）

③ 自動車検査証（車検証）

（※）車検切れの自動車は手続できません。

④ 次のうち，いずれかのもの

（ⅰ） 相続人全員の実印を押印した遺産分割協議書

新所有者となる相続人以外の印鑑証明書は不要です。また，単独相続で自動車の価格が100万円以下の場合には，自動車の価格が100万円以下であることを確認できる査定証等を添付することを条件に「遺産分割協議成立申立書」（他の相続人の署名・押印は不要）によることもできます。

（ⅱ） 遺言書

法務局に保管されてない自筆証書遺言書の場合には，家庭裁判所の検認を経たもの。

（ⅲ） 遺産分割に関する調停調書

（ⅳ） 遺産分割に関する審判書（確定証明書付）

（ⅴ） 判決謄本（確定証明書付）

⑤　戸籍謄本・戸籍の全部事項証明書等又は法定相続情報一覧図

自動車の所有者の死亡が確認できるもので，死亡した所有者と相続人全員の関係が全て確認できるもの。

⑥　新所有者の印鑑証明書（発行日から 3 か月以内のもの）

新所有者（相続人）が未成年者で印鑑証明書が発行されない場合，印鑑証明書に代えて発行されてから 3 か月以内の住民票を添付する必要があります。

⑦　新所有者と新使用者が異なる場合には，新使用者の住所を証する書面（発行日から 3 か月以内のもの）

（例）　住民票（写），印鑑証明書（写），商業登記簿謄本（写）等

⑧　自動車保管場所証明書（車庫証明書）

管轄する警察署へ申請し，証明の日から 1 か月以内のものが必要です。ただし，新旧使用者の使用の本拠の位置に変更がない場合は，車庫証明書は不要です。

（2）　軽自動車の相続手続で必要な書類

①　申請書

②　自動車検査証（車検証）

車検切れの自動車は手続できません。

③　新使用者の住所を証する書面（発行日から 3 か月以内のもの）

（例）　住民票（写），印鑑証明書（写），商業登記簿謄本（写）等

④　戸籍謄本・戸籍の全部事項証明書等又は法定相続情報一覧図

所有者が亡くなった事実と新しい所有者が相続人であることが確認できるもの。

参考文献

・『相続人確定のための戸籍の見方・揃え方』菱田泰典 著（株式会社近代セールス社）

・『相続における戸籍の見方と登記手続』髙妻新・荒木文明 著（日本加除出版株式会社）

・『家事事件と銀行実務』斎藤輝夫・田子真也 監修（日本加除出版株式会社）

・『相続の仕事の現場で使える民法』弁護士法人 Y&P 法律事務所・税理士法人山田＆パートナーズ 著（税務経理協会）

・『Q&A でマスターする民法・不動産登記法改正と司法書士実務　需要条文ポイント解説 152 問』東京司法書士会 民法改正対策委員会 編（日本加除出版）

・『根抵当権実務必携 Q&A』坪内秀一 著（日本加除出版）

・『根抵当権の法律と登記』青山修 著（日本加除出版）

・『不動産登記と法律実務―登記官のチェックポイント―』不動産登記実務研究会 編集（新日本法規出版株式会社）

・『事例式 相続実務の手続と書式』相続手続研究会 編集（新日本法規出版株式会社）

・『事例式 不動産登記申請マニュアル』登記申請実務研究会（新日本法規出版株式会社）

八木 良直（やぎ　よしなお）

司法書士 行政書士 エイト総合事務所　代表司法書士　行政書士

静岡県立藤枝東高等学校卒業，学習院大学経済学部経営学科卒業

司法書士試験，行政書士試験，宅地建物取引士試験合格

司法書士の配属研修後に開業し，相続業務を中心とした実務をはじめ，講演・セミナーなどの業務を積極的に取り組んでいる。中でも，相続人が行方不明となっている場合などの複雑な相続案件を得意としている。

著者との契約により検印省略

令和 4 年11月15日　初 版 発 行

司法書士の相続手続の基本

戸籍・不動産登記・債務承継・預貯金等

著　　者　八　木　良　直

発 行 者　大　坪　克　行

印 刷 所　美研プリンティング株式会社

製 本 所　牧製本印刷株式会社

発 行 所　〒161-0033　東京都新宿区下落合2丁目5番13号　株式会社 **税 務 経 理 協 会**

振替　00190-2-187408　電話（03）3953-3301（編集部）

FAX（03）3565-3391　（03）3953-3325（営業部）

URL　http://www.zeikei.co.jp/

乱丁・落丁の場合は，お取替えいたします。

ISBN978-4-419-06883-7　C3034